HONESTAMENTE

Johnnie Moore

HONESTAMENTE
© 2011 JOHNNIE MOORE

Publicado por Editorial Patmos
Weston, Florida U.S.A.
www.editorialpatmos.com

Todos los derechos reservados.

Publicado originalmente en inglés por Harvest House Publishers, Eugene, Oregon U.S.A.
© 2011 JOHNNIE MOORE

A menos que se indique lo contrario, las citas de las Escrituras son de la *Santa Biblia, Reina Valera 1960* © Sociedades Bíblicas Unidas. Todos los derechos reservados. Usada con permiso.

Los versículos marcados con NTV fueron tomados de la *Santa Biblia, Nueva Traducción Viviente*, © Tyndale House Foundation, 2010. Todos los derechos reservados. Usada con permiso

Los versículos marcados con NVI fueron tomados de la *Santa Biblia, Nueva Versión Internacional NVI©*, 1999 de la Sociedad Bíblica Internacional. Usada con permiso.

Portada por Wagner de Almeida
Projecto gráfico y diagramación Wagner Leonardo Francia
Traducción al Español: Mayra Urízar de Ramírez

ISBN: ISBN 10: 1-58802-647-7
ISBN 13: 978-1-58802-647-7
Categoría: Vida cristiana / discipulado

Impreso en Brazil / Printed in Brasil

[DEDICATORIA]

Andrea,
verdaderamente, en todo el mundo,
hay muy pocas palabras
para describir lo profundamente que te amo.
Eres mi amor, mi alegría y mi vida.
¡No puedo creer que esto solamente sea el comienzo!
Te amo mucho, mi querida.

[CONTENIDO]

Prólogo por Joni Eareckson Tada 13
Introducción 15

Parte 1: De la duda a la fe

[1] *Tiene que haber más que esto, ¿verdad?* 21
Cómo usar la decepción para acercarte a la fe,
No para alejarte de ella

[2] *El orgullosamente escéptico Tomás* 31
Por qué hay que festejar a Tomás

[3] *La liberación de la fe* 41
Por qué la fe en Dios tiene sentido

[4] *Fe entre las cenizas del genocidio* 47
Cómo incluso el mal apoya la fe

[5] *Todos somos huérfanos* 57
Cómo ver a Jesús a todo color

Parte 2: De la fe a un alma saludable

[6] La necesidad de comida para el alma 67
   el alma escuálida

[7] Cómo escuchar la voz de Dios 75
El alma distraída

[8] Cómo rendirse a la voluntad de Dios 85
El alma rebelde

Parte 3: De un alma saludable a la perseverancia

[9] *Somos gente que "se vuelve a levantar"* 93
   Qué hacer cuando fracasas

[10] Cuando tu barco se hunde 103
Qué hacer con las temporadas de sufrimiento

parte 4: De la perseverancia a la misión

[11] *Hazte público*..113
Cómo compartir lo que hemos visto

[12] *Empatía por los terroristas* 123
El poder de la compasión

[13] *Callos sagrados* 133
Cómo ver el trabajo como algo divino

[14] *En cuanto al desafío de los leones* 141
Considera que Jesús vale la pena tu vida y tu muerte

[15] Cómo lograr la rutina milagrosa 153
Dios está obrando en el mundo

parte 5: De la perseverancia a la misión

[16] *Cómo rescatar la imaginación* 163
Por qué la imaginación tiene la intención de marcar la diferencia

[17] *Cómo ser una ficha de dominó* 171
Un llamado a formar parte de la historia

Epílogo 177

Notas 179

[RECOMENDACIONES]

"La sinceridad natural de Johnnie Moore lo impulsará a buscar un caminar auténtico con Dios."
Craig Groeschel Autor de *The Christian Atheist*

"La mayoría de nosotros busca autenticidad. Nos decepciona la gente que habla mucho y no cumple. Eso es especialmente cierto cuando se trata del tema de religión. Johnnie Moore nos ha dado un libro sincero y creíble acerca de lo que trata el estilo de vida cristiano."
Gary Chapman Autor de *Los cinco lenguajes del amor*

"*Honestamente* es provocativo y convincente —un regalo de Dios para una generación que está en busca de la verdad. Espero que todas las personas que conozco lean este libro."
Josh McDowell Autor de *Evidencia de la resurrección* y *Más que un carpintero*

"Johnnie Moore escribe con una pasión estimulante. Su perspectiva en las misiones es de primera clase y sus capítulos acerca del sufrimiento y el fracaso son razón suficiente para leer este libro."
Luis Palau Evangelista

"Johnnie confronta, sin rodeos, temas que enfrentamos y los enfoca con una clase de verdad que es práctica y llena de compasión. *Honestamente* es provocativo, retador y sanador."
Mark Batterson Pastor, National Community Church, Washington, DC

"Johnnie Moore es una voz fresca de fe que nos trae un mensaje de reto, vulnerabilidad y cambio."
Angela Thomas Oradora y autora de éxitos literarios

"Esta es una lectura obligatoria para los que quieren tomar su fe en serio."
Ed Dobson Editor asesor, *Christianity Today*
Autor de *The Year of Living like Jesus*

"Johnnie Moore básicamente le está pidiendo que si no ayuda, que se calle, que si no va a bordo, que se quite del camino. Cuando haya terminado el libro, hará lo uno o lo otro."
Jerry B. Jenkins Novelista y biógrafo

"En este libro nuevo, Johnnie Moore comparte su propio peregrinaje hacia la salud espiritual a través de historias divertidas y conmovedoras, ¡y nos reta a vivir verdaderamente lo que creemos!
Wess Stafford Presidente y Director Ejecutivo, Compassion International

"Johnnie Moore abre las heridas de su corazón para mostrar su peregrinaje hacia una fe genuina en Jesús... Este libro ayuda a los que buscan a Dios y se mantienen firmes en él en su vida diaria."
Ron Luce Fundador y presidente, Ministerios Teen Mania

"Johnnie Moore escribe con sabiduría y perspectiva que va mucho más allá de sus años. Este libro nuevo nos da a todos mucho en qué pensar y mucho qué implementar. Comience a leer y a triunfar."
Pat Williams Primer Vicepresidente, Orlando Magic

"Johnnie Moore estimula a todos los seguidores de Cristo a que sean genuinos y a que vivan con pasión... Sus perspectivas pueden ayudarlo a dar pasos positivos para salir de su crisis de fe."
James Robison Presidente, LIFE Outreach International

"Johnnie Moore personifica la esperanza de que el cristianismo estadounidense no está en su lecho de muerte; más bien, está en el precipicio de un nuevo despertar. ¡*Honestamente* definitivamente es una lectura obligatoria!
Samuel Rodriguez Presidente, Asociación Nacional Hispana de Evangélicos

"Este libro es un vistazo cautivador de la fe y la vida. Johnnie Moore no solamente escribe lo que cree —lo vive."
Vernon Brewer Presidente, World Help

"Este es un libro excelente para leer y para obsequiar a algún amigo que esté en búsqueda de realidad espiritual. Y sí, las dudas son bienvenidas si fluyen de un corazón honesto e indagatorio."
Erwin Lutzer Pastor principal, Moody Church

[Recomendaciones] 9

"Johnnie Moore ama profundamente a Dios y quiere que experimentemos algo más que una relación superficial con él, que tiene poco impacto en nuestra vida diaria... Estoy muy agradecido porque está guiando a muchos para que experimenten lo que la fe en Dios en realidad puede hacer."
Pastor Jim Cymbala Pastor principal, Brooklyn Tabernacle

"*Honestamente* es una denuncia, agradablemente sincera y profundamente retadora, para combatir la hipocresía, la monotonía y la insignificancia al aceptar el diseño de Dios."
Meredith Andrews Artista de Voz

"Johnnie habla sinceramente de sus propias dudas y batallas con el mal, el sufrimiento y de quién es Dios, y nos da permiso para que luchemos con nuestras propias dudas, retiremos las capas de la religión e hipocresía y descubramos una relación profundamente sincera y transformadora con Jesucristo."
Tim Clinton Presidente, Asociación Americana de Consejeros Cristianos

"Johnnie Moore le recuerda a una nueva generación que el desengaño es inevitable y que la duda es real —pero que la decepción es opcional."
Tim Daniel Henderson Fundador y presidente, Strategic Renewal

"El peregrinaje del cinismo a una fe sincera requiere de dirección. Johnnie Moore lo lleva de una vida de adherencia sin significado a una relación vibrante con Jesús."
Ed Stetzer Coautor de *Transformational Church*

"Johnnie Moore pinta una visión de lo que podría ocurrir si la gente de la iglesia global en realidad decidiera hacer lo que dice que cree. Si se aplicara, este libro podría cambiar el mundo, literalmente."
Johnny Hunt Pastor, First Baptist Church, Woodstock, Goerogia
Expresidente, Convención Bautista del Sur

"Johnnie Moore es líder entre la generación milenial... Lo desafío a leer este libro con un corazón abierto y un espíritu dispuesto. Si lo hace, las cosas nunca volverán a ser lo mismo."
Ronnie W. Floyd Pastor principal, Cross Church,
Noroeste de Arkansas

"La vida es un trabajo penoso. Cada uno de nosotros tiene una historia de conflicto, dolor y sufrimiento. No hay manera de escapar de ello. *Honestamente* hace un trabajo fantástico para vincular nuestra historia de dolor a nuestra relación con Jesús."

Ted Cunningham Pastor principal, Woodland Hills Family Church, Branson, Missouri

"Leer este libro es como ver un espejo. Es sincero, refleja y revela. He conocido a Johnnie como pastor, predicador y misionero; ahora también es uno de mis autores nuevos favoritos."

David Nasser Ministro y autor de *Jumping Through Fires*

"¡Este libro es un tesoro! Johnnie Moore da una perspectiva fresca e inspiradora a la libertad en Cristo Jesús y al cuidado del alma."

Miles McPherson Pastor principal, Rock Church, San Diego, California

"Johnnie Moore escribe con claridad y facilidad. Su comprensión de la condición humana y de lo que se requiere para llevarnos a una genuina relación con Cristo, hace que este libro sea innovador para los que buscan conocer a Jesús como él merece ser conocido."

Wayne Cordeiro Rector, New Hope Christian College, Eugene, Oregon

"La fuerte amonestación por hipocresía de Johnnie Moore, y su reto a un cristianismo genuino, hará que le dé una inquietante mirada interna a su propia fe."

Dave Stone Ministro principal, Southeast Christian Church, Louisville, Kentucky

"Le agradezco a Dios por Johnnie Moore y por su preocupación profunda por la salvación de los perdidos. Que Dios use este libro para revolver los corazones y las mentes hacia una meta final."

Ray Comfort Way of the Master

[RECONOCIMIENTOS]

Escribir un libro es como adquirir muchos préstamos. Acumulas montones de consejos y estímulo prestados, casi en cada intersección de tu camino. Desafortunadamente, necesité pedirle a más gente de lo que me acuerdo que me ayudara a lo largo de *mi camino*. Todos los que leyeron las versiones anteriores de este manuscrito, o que depositaron sabiduría de valor incalculable en mi relato literario, merecen más gratitud de la que pueda dar. Verdaderamente, no podría haber hecho esto sin ellos.

En primer lugar, a mi querida y adorable esposa, Andrea, tu apoyo y estímulo constantes, tu sabia apreciación y tu profundo amor continuaron conmigo a lo largo de las temporadas de este viaje. Gracias también a mi suegra, Eliana, y a mi suegro Rubens. Su hogar me proveyó de un refugio para el desarrollo de estas ideas. Gracias a mis amigos cercanos: Papá, Shawn y Cara George, Josh y Christy Straub, Clayton King, David McKinney, Chris Deitsch y Michael Miller. Mentores como Ron Godwin, Don Fanning, Ben Gutierrez, Vernon Brewer, Luis Bush, Daniel Henderson, y el difunto Jerry Falwell son casi exclusivamente responsables de cualquier cosa de valor práctico que yo pudiera agregarle a este mundo. Ellos me han dado el regalo de la sabiduría prestada de las experiencias de sus vidas. Especialmente, estoy en deuda con David Van Diest, John Van Diest, Don Jacobson y Bob Hawkins. Por supuesto, todos los amigos de Harvest House, especialmente LaRae Weikert, Terry Glaspey y Gene Skinner me han provisto de estímulo incesante y de una perspectiva muy valiosa. Estoy muy agradecido porque creyeron en mí.

También le debo mucho a varios líderes y escritores que me dieron consejo verdaderamente valioso y una ráfaga de viento complementaria a mi velero: Ed Hindson, Elmer Towns, Ron Hawkins, Tim Clinton, Luis Palau, Jim Cymbala, Wellington Boone, Lee Storbel, Calvin Miller, John Ortberg, Joni Erickson Tada, Erwin Lutzer, Gary Chapman, Mat Staver, Bob McEwen, Ron Luce, A. R. Bernard, Wayne Cordeiro, Ike Reighard, James MacDonald, Crawford Lorritts, Josh McDowell, Samuel Rodriguez, Miles McPherson, Leith Anderson, Ed Stetzer, Gary

Haugen, Kenneth Copeland, Ted Cunningham, Gary Smalley, Dinesh D'Souza, Anne Graham Lotz, Don Marsh, Larry Crabb, Bruce Wilkinson, Karen Prior, Charles Billingsley, Jonathan Falwell, Tony Nolan, Thelma Wells, Dave Stone, Stu Weber, M.A. Thomas, Samuel Thomas y David Nasser. También estoy agradecido con mi amigo y rector de Liberty University, Jerry Falwell Jr., por darle su bendición a este proyecto y por dirigir nuestra fantástica institución con tanta precisión y visión.

Finalmente, a mi mamá, a mi papá y a mi hermana. Gracias por permitirme poner al descubierto nuestras heridas, para que por medio de ellas otros hombres y mujeres heridos puedan sanar. Los amo mucho. Y gracias a mi amigo y Salvador Jesús. Sé que esta bendición vino de ti y quiero que sepas que estoy muy agradecido por haberme confiado esta oportunidad. Verdaderamente, tú obras de maneras insólitas y misteriosas.

PRÓLOGO
Por Joni Eareckson Tada

La mayoría de la gente que leerá este libro tiene treinta y tantos años o menos. Quizás el título te llamó la atención. Es un poco intrigante porque, bueno... se *supone* que la mayoría de la gente debe vivir honestamente, que viva lo que cree, especialmente si lo que cree tiene algo que ver con seguir a Cristo. Pero ese no siempre es el caso. Frecuentemente se desarrolla una gran fisura entre lo que la gente dice que cree y lo que en realidad hace. Y supongo que ese es un camino oscuro por el que no quieres pasar. Lo último que quieres es ser hipócrita.

Créeme, lo entiendo. Alguna vez hubo un gran abismo entre mis palabras acerca de Jesús y mi caminar con él. No estaba engañando a nadie, y muy profundamente lo sabía. Así que, antes de irme a la universidad me di cuenta de que tenía que tomar una decisión. ¿Realmente viviría en el campus de acuerdo a lo que creía, o creería otra cosa? No tuve que pensar mucho en la pregunta. Justo antes del semestre del otoño, me quebré el cuello en un accidente de clavado. De repente, lo que creía acerca de Dios llegó a ser sumamente importante.

Han pasado más de cuatro décadas desde ese accidente que transformó mi vida y cómo, o hasta qué punto, Dios tenía su mano en eso no es tanto el asunto. El punto es que me pareció que valía la pena creer en Dios, y creer en él es verdaderamente *vivirlo* en la vida diaria. Hacer algo menos es peor que no creer.

La gente está buscando esto ahora. Ya sea en un campus universitario, en la oficina, en un centro financiero de la ciudad, o en una casa de una calle exclusiva, los solteros jóvenes y las parejas están buscando más de lo que los *baby boomers* podamos ofrecerles —especialmente en lo que concierne a la fe cristiana. La gente que actualmente está llenando los dormitorios universitarios, iniciando sus carreras, criando familias nuevas, o trabajando en el extranjero, está cansada de hipocresía. Ellos quieren lo genuino, lo auténtico, lo riguroso y lo robusto; y lo que valga la pena seguir sin importar el costo.

El poder original del evangelio de Cristo inexorablemente está atrayendo a decenas de miles de jóvenes a una genuina vida del reino. Y por eso es que tantos de esta generación incansable está buscando a Johnnie Moore como guía. Él es uno de ellos. Ha estado allí. Y lo he visto de primera mano. Estaba sentada en el Centro Vines de la Universidad Liberty, preparándome para hablar a 10,000 estudiantes cuando Johnnie, el pastor del campus y vicepresidente de la Universidad Liberty, se presentó en el podio. ¡El lugar explotó! Su pasión para su Salvador y su amor por sus compañeros estudiantes era inconfundible.

Johnnie Moore tiene una palabra poderosa que impartirle a su generación. Como lo escribe: "La gente espiritualmente saludable vive de acuerdo a lo que cree que es cierto. No es hipócrita ni indiferente; no es neutral ni está en un limbo perpetuo. Ha decidido que unas cuantas verdades determinantes gobiernen su vida y deja que esas verdades cumplan su papel. Es posible que todavía tenga preguntas y asuntos no resueltos, pero por lo menos está firmemente plantada en unas cuantas cosas, y esas cuantas cosas influyen en su manera de pensar, de vivir y de amar al mundo que la rodea.

Y por eso es que tienes *Honestamente* en tus manos. Oro para que a medida que retiras las capas de lo que crees, a medida que permites que Johnnie te guíe más profundamente en las Escrituras, y a medida que buscas al Dios vivo con un corazón honesto, descubras que *vale la pena* seguir a Jesucristo por sus propios méritos. Que esa verdad eterna encienda una llama en tu corazón que inflame una pasión fresca para que genuinamente vivas de acuerdo a lo que crees y nunca des marcha atrás.

Joni Eareckson Tada
Joni and Friends International Disability Center

[INTRODUCCIÓN]

Estaba pegajoso, irritado y me sentía muy mal. Tenía 39 grados y sentía que mi cuerpo palpitaba con el movimiento de cada miembro. Estaba enfermo, muy enfermo.

No estaba exactamente seguro de cuándo había contraído este virus, durante una excursión de 12 días por el norte de India, pero se estaba saliendo con la suya conmigo. Me atacó como si hubiera chocado de frente en una pared de ladrillo, casi al momento en que me subí al avión para volver a casa Claramente, el virus no estaba planificando sacar su bandera blanca. Había activado un asalto aéreo y terrestre total en contra de mi sistema y estaba ganando. Recuerdo estar temblando en mi casa, con el calefactor lo suficientemente caliente para hacer que un beduino sudara, sorprendido que algo tan infinitésimamente pequeño pudiera casi incapacitar a un hombre adulto. Nunca había estado tan enfermo, y estaba aturdido y temblando.

Entonces mi doctor dijo unas palabras horribles: "Creo que tienes fiebre porcina."

¡Fiebre porcina! Los noticieros mundiales describían con pánico este flagelo misterioso como primo del virus ébola, que amenazó con iniciar una pandemia a nivel mundial. Los medios de comunicación habían estado haciendo énfasis en cuatro cosas que debíamos temer en este mundo cambiante: a las armas nucleares en manos de estados canallas, a una depresión global que podría quitarle todo su valor a nuestro dinero, a la más peculiar de los artistas populares (Lady Gaga) y al ataque de la fiebre porcina desde la costa de México hasta el fin de la tierra.

Con el tiempo, mi saga de la fiebre porcina llegó a una conclusión abrupta por una experiencia sencilla y revolucionadora. Mi doctor estaba hojeando su librito mágico de medicina, tropezó con el remedio más comúnmente recomendado y llamó a una farmacia. En día y medio había activado agresivamente mi propio ataque en contra del pequeño bribón que estaba haciéndome desdichado. Había comenzado. Yo en contra del pequeño tipo. Alguien ganaría y alguien perdería.

Yo gané. Menos de una semana después, con un poco de descanso y la prescripción correcta, estaba muy bien y quedé como nuevo, saludable y fuerte, y me sentía victorioso.

El diagnóstico y el remedio

Verdaderamente es muy asombroso. Un examen honesto, el diagnóstico acertado y el remedio apropiado pueden hacer que alguien que está muy enfermo vuelva a estar bien. Eso es todo lo que se requiere. Identificar el problema y recetar la solución correcta. Un buen examen y la medicina correcta son las dos herramientas para que una persona enferma sane.

Este libro trata de cómo llegar a estar bien espiritualmente al identificar y combatir las enfermedades del alma que amenazan con debilitar nuestra fe, y que evitan que se produzca las acciones apropiadas en nuestra vida. Una y otra vez, la gente me dice que su batalla más grande con el cristianismo es que la fe y la vida de los cristianos son incongruentes. Estas personas dicen que los cristianos suenan "prepotentes" o "farisaicos", pero no aman ni viven como lo hizo Jesús. En otras palabras, dicen que los cristianos son hipócritas.

Desafortunadamente, en muchos casos tengo que estar de acuerdo. En muchos de nosotros, los cristianos, las palabras no siempre encajan con nuestras acciones.

La hipocresía es la fiebre porcina que amenaza la subsistencia de nuestra fe, y puede ser ocasionada por toda clase de cosas, como la duda, una dieta espiritual desequilibrada, una perspectiva inadecuada en los problemas de la vida, una falta de compromiso con la misión de Jesús o una visión pequeña de lo que Dios podría hacer y quiere hacer a través de sus seguidores. Esos temas forman las cinco partes de este libro.

Todos somos hipócritas en recuperación, pero la gente que es saludable espiritualmente enfrenta estos problemas de frente. Son honestos en cuanto a sus fracasos, por lo que se arrepienten y piden perdón en lugar de fingir que todo está bien. Son honestos en cuanto a sus creencias, por lo que aceptan la verdad y forman convicciones fuertes en lugar de ceder ante la opinión popular. Y son honestos en cuanto a las implicaciones de su fe —saben que creer que Jesús es Señor significa vivir esa confesión en cada aspecto de su vida diaria.

Los cristianos saludables no están contentos con seguir siendo hipócritas e indiferentes; no son neutrales, ni están en un limbo perpetuo. Se han afianzado en algunas verdades centrales que gobiernan sus vidas y dejan que esas verdades cumplan su función. Es posible que todavía tengan preguntas y asuntos no resueltos, pero están plantados firmemente en por lo menos unas cuantas cosas, y esas cosas influyen la manera en que piensan, en que viven y en que aman el mundo que los rodea.

De alguna manera, este libro es un examen médico del alma. Está escrito en un tiempo en que mucha gente parece tener una gran afinidad con alguna clase de fe, pero que al mismo tiempo está confundida y desorientada en ella. Está desorientada por la hipocresía pública y confusa por sus preguntas no respondidas.

Este es un libro honesto. De hecho, en algunos puntos podría ser demasiado honesto. Incluye mis experiencias de lucha para encontrar mi propia fe, en el contexto del divorcio de mis padres y mi consiguiente y profundamente doloroso peregrinaje de la duda a la fe.

No quiero predicarte en este peregrinaje. No estaré señalando con el dedo, ni gritando reproches con enojo. Más bien, este libro es una conversación con un café, entre dos amigos bien intencionados, pero que luchan. Quiero hablar contigo como un amigo de una manera franca, afectuosa y a veces un poco chocante.

No pretendo dibujar líneas rigurosas e inamovibles en la arena. En lugar de eso, quiero abrir un diálogo y tener una conversación, mientras pasamos tiempo explorando juntos algunas partes importantes y personales de nuestra vida. Exploremos honestamente una pregunta sencilla: ¿Qué pasaría si viviéramos de acuerdo a lo que decimos que creemos?

Cuando todo se haya dicho y hecho, tendremos una esperanza simple que tu alma se sienta viva, y tú y el mundo sean mejores por eso.

Así que seré sincero desde el principio. "Mi nombre es Johnnie Moore, y soy pastor, pero albergo algunos problemas serios de confianza con el cristianismo."

[PARTE 1]

[DE LA DUDA A LA FE]

Si yo no creo, o si lucho para creer, soy incrédulo. En realidad, la duda tiene más que ver con confianza que con creencias específicas. El problema no es que los incrédulos no crean; simplemente es que no confían. Quizá no confíen en Dios, en sus seguidores o en partes de su sendero.

Una relación con Dios, como todas las relaciones, debe comenzar con la confianza. Esto requiere de más que oraciones respondidas. La confianza, a la larga, se encuentra en el valor para creer, y a veces ese valor se logra solamente después de una larga temporada de batalla. El peregrinaje de la duda a la fe a veces puede parecer devastador, pero, al final, solidifica lo que de otra manera podría haberse destruido.

[TIENE QUE HABER ALGO MÁS QUE ESTO, ¿VERDAD?]
CÓMO USAR LA DECEPCIÓN PARA ACERCARTE A LA FE, NO PARA ALEJARTE DE ELLA

[1]

Muchas personas con las que converso hoy día parecen estar decepcionadas con el cristianismo, de alguna manera. Bueno, ¡adivina qué! Yo también.

Detesto admitirlo, pero si voy a ser sincero en cuanto a mi fe y mi experiencia con el cristianismo, tengo que decir la verdad. Me siento avergonzado por muchas cosas.

La fe no fue fácil para mí en primer lugar. Para mí fue una batalla cuesta arriba saltar a un compromiso con Cristo y arreglar una serie de preguntas y retos que se peleaban con Cristo por mi corazón. Y yo soy pastor, así que si me siento de esta manera, no puedo comenzar a imaginar lo que muchas otras personas en estos días sienten en cuanto a la fe en el cristianismo.

Pero no solamente soy pastor. También soy un incrédulo en recuperación, cuya batalla personal para creer y para vivir esas creencias ha sido dolorosa y difícil. A veces la batalla ha sido tan difícil que me he visto tentado a dejarlo todo.

Mi corazón como Zona Cero

La guerra por mi corazón comenzó más o menos entre la escuela media y la secundaria. Mi familia estaba viviendo en una de esas ciudades sureñas que gotean de cristianismo. Todos en nuestra ciudad tenían su vida resuelta.

Hasta cierto punto, nuestra ciudad se asemejaba a una serie cómica de los años cincuenta. La gente se vestía bien, vivía con pequeñas familias perfectas en bellas casas que a veces estaban rodeadas de vallas blancas, y eran cristianos devotos que asistían a la iglesia cada vez que las puertas se abrían.

Mi familia encajaba en el molde. Íbamos a la iglesia todos los domingos, teníamos una vida segura y afluente, y la mayoría pensaba que lo teníamos todo resuelto. Eso funcionaba bastante bien porque todos los que conocíamos también parecía que lo tenían todo resuelto. Todos parecían ser repugnantemente perfectos.

El único problema era que mi familia no lo tenía todo resuelto. Asistíamos a la iglesia todos los domingos, pero éramos malos cristianos de lunes a sábado. Aparentábamos tener seguridad financiera, pero teníamos una deuda suficiente como para financiar un trasbordador espacial. Nos esforzábamos mucho para vernos satisfechos con lo que teníamos, pero nunca estábamos satisfechos con nada. Nuestra pequeña familia "perfecta" en realidad era una bomba de tiempo.

Aparentar ser cristianos fieles es fácil, pero el problema era que nunca le pusimos el corazón a nuestra fe. Éramos como un cuerpo con brazos, piernas, manos y pies, pero sin corazón. Lo que era más importante estaba notoriamente ausente.

Nos esforzamos tanto para vernos bien, que de alguna manera descuidamos vivir en realidad lo que creíamos que era cierto. La Biblia se refiere a esto como tener forma de santidad sin poder. Si nos hubiéramos visto a nosotros mismos de una manera honesta, nos habríamos dado cuenta de nuestra hipocresía manifiesta. En lugar de eso, estábamos engañándonos a nosotros mismos, no estábamos conscientes de nuestra hipocresía, o la ignorábamos intencionalmente. El cristianismo era nuestra cultura, el núcleo de nuestra sociedad. Era nuestro club social y nuestro círculo de amistades. Íbamos a la iglesia para ver a otros y ser vistos por ellos. Nuestro círculo social era como cualquier otro.

Curiosamente, de alguna manera, no sabíamos que todo eso era malo. Nuestras vidas estaban tan rotas como un brazo con el hueso que se ha salido de la piel, pero simplemente nos desplazábamos a través de los movimientos de la vida, en tanto que ignorábamos totalmente nuestra herida.

Vivir en ese estado espiritual tan anémico y albergar esa clase de cristianismo indiferente era tan normal para nosotros, que casi no sabíamos que siquiera existiera una fe espiritualmente viva y comprometida. El cristianismo era solamente nuestra cultura, no el sujeto de nuestra devoción. Era como una moda con una larga vida útil.

No sólo nos estábamos engañando a nosotros mismos. Todos los demás también pensaban que éramos buenos cristianos. Pero no lo éramos.

Relaciones públicas en la iglesia

Recuerdo aprender, cuando era un niñito, a poner una sonrisa en mi cara antes de entrar por la puerta de la iglesia. Mis padres no me enseñaron esto directamente. En cierto modo lo adquirí, y si creciste de la misma manera que yo, probablemente también lo adquiriste.

Nuestra rutina llegó a ser casi cómica. Incluso si mi familia tenía un ataque directo en el auto, camino a la iglesia, alisábamos las arrugas con nuestra mejor sonrisa falsa de domingo en nuestra cara, y nos reuníamos antes de caminar hacia el santuario, como políticos que saludan a la multitud. Cada vez que alguien nos preguntaba cómo estábamos, respondíamos: "Muy bien, ¡la vida es buena!" Éramos robóticos, plásticos y falsos, a pesar de nuestras mejores intenciones. En retrospectiva, todo el escenario es absurdo, pero era nuestra realidad y estábamos inconscientes de la manera en que inadvertida, pero trágicamente estábamos destruyendo a nuestra familia.

Nuestro cristianismo era en realidad un gran esfuerzo de relaciones públicas que habíamos creado cuidadosamente para vernos bien. Nuestras sonrisas falsas y desesperadas escondían la verdad: El matrimonio de mis padres, que asistían a la iglesia, estaba en un respirador, y nuestra familia estaba girando en espiral fuera de control. Estábamos sangrando. Nuestra colisión era inminente.

Detrás de nuestro exterior cuidadosamente arreglado estaba el lento y tedioso *tictac...tictac...* de una bomba que estaba a punto de explotar. O la gente no lo escuchaba, o decidieron no hacer nada en cuanto a eso. Ningún bombero ni vecino atento llegó a rescatarnos. Nuestro destino estaba sellado, incluso en la presencia de las únicas personas que podían habernos salvado, en el único lugar que podría habernos dado restauración. Quizá nuestros potenciales rescatistas estaban demasiado ocupados, cuidando de sus propios dobles de relaciones públicas.

La gente o familia dolida que muere en una iglesia es como la gente enferma o lesionada que muere en un hospital. Puedes morir en un hospital de una o dos maneras. Puedes morir en el quirófano o puedes morir en la sala de espera. Nosotros nunca llegamos al quirófano y nadie en la sala de espera se dio cuenta de que las cosas estaban tan mal, porque escondimos nuestros problemas muy cuidadosamente.

En realidad, la sangre salía a borbotones por dentro.

Por desesperación

Cuando mis padres finalmente se dieron cuenta de lo que en realidad estaba pasando en nuestra familia, ya era casi demasiado tarde. Por un tiempo habían sabido que algo andaba muy mal, pero el orgullo y la obsesión por la opinión de la gente les evitó buscar la ayuda que necesitaban. Las cosas finalmente se pusieron lo suficientemente mal que mis padres se armaron de valor para pedir ayuda. Solamente lo hicieron una vez. Sabían que las cosas ya estaban críticas y que la prognosis era terrible. Sabían que ya no podían ignorar ni esconder sus problemas y en realidad no querían que su relación se muriera. Sabían que esto probablemente significaba que llegarían a ser el tema de conversación del pueblo, pero había llegado la hora de marcar el 911 de emergencia. Era hora de ejercer su último esfuerzo desesperado antes de que la bomba explotara.

Entonces respiraron profundamente, levantaron el teléfono e hicieron una cita con un pastor de nuestra iglesia. Esperaban que un hombre de Dios, guiado por el Espíritu de Dios, pudiera ser capaz de darle salud a su situación imposible. Esta cita fue un acto de desesperación. Sabían que el daño era casi irreparable.

Abrieron sus corazones a ese pastor con muchas lágrimas de dolor. Le suplicaron: "¿Qué puede hacer para ayudarnos? Haremos lo que sea. Simplemente necesitamos ayuda."

Allí fue cuando la bomba explotó. Su último esfuerzo desesperado falló. El corazón de su relación dejó de latir y todo comenzó a girar descabelladamente fuera de control.

En unos meses mis padres estaban divorciados, y nuestra familia afluente estaba viviendo en pobreza. El banco canceló nuestra hipoteca y embargó nuestros autos, mi mamá se ahogaba mientras intentaba salvar su vida, y mi padre se hundía cada vez más profundamente en la desesperación. Finalmente, con escaso margen sobrevivió a su primer intento de suicidio —en presencia mía.

Por qué estoy hastiado

A veces los pastores intentan arduamente ayudar a la gente. Tienen buenas intenciones, están bien equipados para tratar con los problemas de la gente y depositan todo el consejo que pueden en las vidas de los que los buscan. Pero, a la larga, la gente que están aconsejando tiene que decidir si quiere cambiar y sanar. Si la gente se rehúsa a aceptar o aplicar la sabiduría del consejero y sigue batallando, es su culpa, no del pastor. La gente tiene que tomar la medicina que el pastor receta, o seguirá estando enferma y con el tiempo podría morir. Un pastor cumple su responsabilidad al poner la sabiduría a su disposición y al tratar de motivarla a usarla. Si decide no aplicarla, lo echa a perder. El consejero es un asesor, no un mago.

Pero, ocasionalmente, los pastores también lo echan todo a perder. Eso es lo que pasó con el pastor que aconsejó a mis padres, y el daño colateral casi me costó mi fe.

¿Et tú, Brute?

No puedo recordar muy bien cuándo supe que el pastor que estaba aconsejando a mis padres también estaba teniendo una aventura amorosa con la esposa de otro pastor. Pero recuerdo mi reacción. Tuve que ir a la sala de emergencias. Parece que mi corazón dejó de latir por unos cuantos segundos. Me sentí traicionado. De repente, yo era Julio César que yacía en un charco de mi propia sangre, por una herida causada por Bruto y Casio, compatriotas que se habían convertido en traidores.

Comencé a preguntarme si mis padres podrían haber sido sanados si su pastor-consejero hubiera estado tan entusiasmado con su relación con Dios, como lo estaba con su relación secreta con la esposa de otro hombre.

Desafortunadamente, no estaba en sintonía con el Espíritu Santo. Estaba en sintonía con la lujuria y, como resultado, de adrede cometió un error. Mi mamá y mi papá, sin saber, habían visitado a un cirujano fracasado para un procedimiento crítico. Este cirujano, a sabiendas, trabajó con ellos con una licencia expirada, y mi familia fue una víctima.

Ese pastor necesitaba la sabiduría de Dios porque mi familia estaba en un genuino problema. Estaba en la clase de problema que requería de una intervención sobrenatural. Necesitaba un asistente que estuviera conectado a un Dios que obra milagros, un Dios que había aparecido en hornos de fuego, que había dado vida al muerto y que ama para unificar las vidas quebrantadas.

Mis padres probablemente fueron sólo otra cita en el día del pastor. Otro nombre en su calendario lleno, otra pareja a la que podía darle un poco de consejos. Se sentó en frente de mis padres quebrantados y les dijo cómo sanar su relación, en el mismo momento en que él estaba saboteando dos. De alguna manera, este hombre, que era responsable de ayudar a sanar relaciones, se había convertido en el asesino de relaciones —en nombre de Dios.

Estoy seguro de que el tipo dio algunos consejos buenos, pero su consejo no podía haber estado sazonado con la unción y el poder de Dios. Había dejado que su licencia se venciera.

Me ha tomado mucho tiempo superar las cicatrices de esta situación. Ahora sé mucho más de la gracia de Dios que en ese entonces, y he aprendido a ver a ese pastor con los ojos de Dios, pero todavía me sería muy difícil verlo a los ojos. Todavía tengo las heridas que él ayudó a tallar en mi corazón tierno y joven.

¿Te has sentido así alguna vez?

La hipocresía duele

Nada es peor que te decepcione totalmente alguien en quien habrías podido confiar totalmente, ¿verdad? Tu corazón se destroza como un vaso que se cae del estante de arriba. Aunque pudieras volver a pegar ese vaso, todavía tendría las cicatrices torcidas de su caída traumática. La hipocresía pública deja cicatrices.

Conozco a mucha gente que ha sido lastimada muy profundamente por cristianos. Esta gente está tratando con heridas ocasionadas por gente supuestamente confiable. De alguna manera, esta es la peor clase de heridas. Las víctimas se sienten traicionadas, decepcionadas y simple y totalmente heridas.

La situación empeora cuando aparentemente cada dos meses sale otra historia acerca del fracaso público de un cristiano prominente. Probablemente has oído tantas historias de escándalos de predicadores, que casi podría predecir la próxima. Si eres como yo, cada vez que te enteras de otro escándalo religioso, casi sientes náusea. Tu estómago cae a tus pies de la manera en que lo hizo cuando te montaste a una montaña rusa demasiado grande. Después del impacto inicial, tu estómago gira en contra de la gravedad. ¡Qué náusea!

Así es como me siento cuando oigo otra historia como la mía. Me siento mareado. Me siento enojado y triste a la vez. Veo las noticias por lo que pareciera una semana, y luego agito mi cabeza con incredulidad mientras cae sobre mis manos. "Díganme que no es cierto." Los fracasos públicos caen como bombas en el cuerpo de Cristo. Cuando caen, la fe de algunas personas muere con el impacto. Otra gente queda herida y mantiene las heridas por años.

Yo no morí cuando estaba en la zona cero, pero fui sacudido seriamente y, de alguna manera, todavía tengo las cicatrices. Afortunadamente, me estoy recuperando, pero a veces la gente no se recupera. La experiencia personal con la hipocresía puede ser así de traumática.

Sé que no todos los pastores son hipócritas de primera línea, pero cada ejemplo insólito de fracaso público acciona un terremoto en mi alma. Me sacude. Lo siento en mis huesos y me pregunto si alguien confiará en *mí*. Después de todo, yo mismo soy un pastor inexperto.

Mi fe está hastiada, pero no está muerta

Toda esta experiencia hizo que dudara de mi fe y este libro es mayormente la historia de mi lucha por preservar y vivir mi fe, a pesar de mis debilidades y decepciones personales con ciertas características del cristianismo popular.

Ahora sé que el divorcio de mis padres y la hipocresía de aquel pastor colisionaron con la experiencia de mi fe, y que entre los escombros estaba

[Tiene que haber algo mas que esto, ¿verdad?] 27

un sentido de decepción con muchos cristianos y muchas iglesias. Debo confesar —he llegado a estar un poco hastiado. Pienso que muchos cristianos están hastiados, especialmente cristianos que han crecido en países mayormente cristianos como los Estados Unidos.

Así que seré sincero desde el principio. "Mi nombre es Johnnie Moore, y soy pastor, pero albergo algunos problemas serios de confianza con el cristianismo."

Ah, ahora me siento mejor. Deberías intentarlo.

Por favor, no me malinterpretes. Mi problema no es con Jesús, sino con sus seguidores. Amo a Dios con todo mi corazón. Creo que Jesús resucitó de los muertos, creo que la Biblia es la Palabra de Dios y que el Espíritu Santo es nuestro consolador. En realidad quiero ser devoto y en realidad quiero vivir una fe sincera. De veras quiero vivir lo que digo que creo. Pero el cristianismo estereotípico simplemente me agota. Me canso de pastores aislados con sonrisas plásticas, que predican acerca de la vida, pero no saben nada de la realidad que muchos estamos enfrentando. Detesto las respuestas baratas y al azar a preguntas verdaderamente difíciles e importantes. No puedo escuchar cuando la gente habla con autoridad de problemas de los que claramente no sabe nada.

Creo que el cristianismo tiene más que ofrecer que lo que muchos de nosotros hemos presenciado o experimentado. Es más de lo que hemos visto y oído, más que la fe de los "creyentes" hipócritas e informales, ligeramente comprometidos. La fe no tiene que ser un gran doble de relaciones públicas. En algún lugar, un jardín secreto tiene un tesoro escondido, una verdad escondida, una caja de Pandora de fe, y cuando esa caja se abre fluyen alegría y una fe viva y sobrenatural.

Este libro pregunta qué le pasó a la clase de cristianismo que hizo que los hombres escogieran el martirio antes que negar a Jesús, o que fuera marcado por milagros y cambio genuino en vidas realmente insólitas. ¿Por qué es tan raro que veamos hombres enojados como Saulo que se convierten en siervos como Pablo, si nuestra cultura está tan saturada del cristianismo? ¿Qué le pasó al poder del evangelio? ¿Y qué podría pasar si nuestras creencias lograran entrar a nuestras vidas diarias?

Creo que el cristianismo genuino *es* poderoso, no está atado a la hipocresía y es vivo. Es llamativo, expansivo, apropiado y transformador. No es falso, como las tumbas blanqueadas de las que Jesús habló, y es real.

Creo que cuando Jesús, el que venció a la muerte, en realidad vive en nuestras vidas, *esto* es lo que nuestra fe será. Se verá como si Dios está involucrado en mi vida y no simplemente como que estoy con un grupo de gente que apenas me cae bien.

Durante los últimos años, he buscado respuestas a las preguntas que activaron mi decepción. He descubierto mucho de mi propia debilidad espiritual y he aprendido que estar hastiado o un poco frustrado con la religión organizada no es totalmente malo. Luchar por creer puede ser destructivo, pero también puede ocasionar vida y convicción.

Decidí transformar mi frustración hacia algunos cristianos y sus iglesias en una búsqueda de fe auténtica. La buena noticia es que creo que la he encontrado. He descubierto una clase de fe en la que podemos explorar nuestros problemas. Es la clase de fe que habla abiertamente de las luchas, en lugar de enterrarlas bajo un montón de maquillaje cristiano. Es la clase de fe que no se mide por la cantidad de servicios que asistes en la iglesia, por los versículos que puedes recitar, ni por los agujeros que has acumulado en tu cinturón. Es la clase de fe que golpea el acorde del amor y el afecto en tu corazón. Es una fe tan peculiar que un hombre rico vendería todo para obtenerla. Hace que la gente cambie sus vendajes por una sanidad genuina. Esta fe da vuelta a las páginas de la historia y libera el ahora milagroso, el hoy, en la vida de la gente regular. Esta fe te atrae a una relación profundamente amorosa con Dios.

La fe auténtica puede resultar de una temporada de duda, búsqueda y cuestionamiento, que a la larga lleva a un compromiso. Esta búsqueda produce una fe refinada que con el tiempo te faculta para que honestamente, y hasta temerariamente, vivas lo que crees.

Tu búsqueda podría parecer arriesgada. Podría comenzar desde un lugar hastiado, pero en realidad puede llevarte a una fe más profunda y no alejarte de ella.

En cuanto a mí, mi búsqueda me dio una pasión por la fe profunda, genuina y viva de la que leí en la Biblia, de la que escuché en las narraciones de la historia eclesiástica y la que presencié en algunos lugares del mundo, donde llegar a ser cristiano requiere de un gran sacrificio personal.

Cuando pienso en todo esto, a mi mente viene una pregunta simple: ¿Qué pasaría si...?

¿Qué pasaría si decidiéramos que, en la medida de nuestras posibilidades, ya no viviremos un cristianismo hipócrita e indiferente, que resulta en incredulidad y decepción? ¿Qué pasaría si decidiéramos ya no ser tibios? ¿Si tomáramos toda la energía que gastamos en duda y frustración y la usáramos para confiar y creer? ¿Si continuáramos una búsqueda para en realidad responder nuestras preguntas molestas, en lugar de usarlas como excusas para evadir el compromiso? ¿Y si decidimos correr hacia Dios, aun cuando nuestra decepción con la hipocresía amenaza con alejarnos de él? ¿Y si decidimos en realidad vivir lo que creemos, al punto de que los destinos de la gente sean cambiados y Cristo sea más famoso por los cristianos y no a pesar de ellos?

Una petición atenta

Al final, encontré algo que vale la pena decirte. Es real, es auténtico, es poderoso.

Tengo una pregunta sencilla para ti. Sé que podrías tener toda la razón del mundo para dudar del cristianismo, o para estar enojado con los seguidores de Jesús. Sé que podrías estar espiritualmente desganado, frustrado o cansado. Sé que podrías estar al borde de conformarte con un monograma cultural del cristianismo, o incluso podrías estar al borde de renunciar a él por completo. Aun así, todavía tengo que preguntar, sin importar en dónde te encuentres en el peregrinaje de tu fe, ¿optarías por seguirme a lo largo de este libro con el espíritu de crecer, aprender y cambiar?

¿Me acompañarías?

Sé que es una pregunta muy grande para que un extraño la haga. Probablemente es difícil que confíes en mí con una parte de tu vida tan profundamente importante y cuidadosamente protegida. No me conoces bien y probablemente estás un poco decepcionado con algunos líderes cristianos.

La reputación de algunos cristianos ha dejado mucha desconfianza en la mesa. Eso podría hacer difícil que bajaras tu guardia e involucraras tu corazón en esta jornada. Pero quiero pedirte atentamente que abras tu corazón. Haz esto por el bien de tu alma y por la probabilidad de que hay más en todo esto de lo que te das cuenta. Y, abiertamente, tengo un compromiso que hacer contigo a medida que nos embarcamos en este peregrinaje. Seré honesto contigo.

Seré honesto en cuanto a mis propias luchas y mis propias preguntas. Descubriré algunas de mis dudas que tengo muy cuidadosamente guardadas y no me inhibiré cuando sienta que hemos pasado por algo crítico.

Lleguemos juntos a alguna parte.

EL ORGULLOSAMENTE ESCÉPTICO TOMÁS
POR QUÉ HAY QUE FESTEJAR A TOMÁS

[2]

El divorcio de mis padres no fue fácil para ninguno de nosotros. Mi mamá y mi papá de repente se convirtieron en archienemigos. Superman y Luisa Lane se convirtieron en Batman y el Guasón.

A pesar de sus mejores, y a veces inadvertidos, esfuerzos de que me pusiera en contra del otro, aprendí que rara vez hay alguien bueno y alguien malo en un divorcio. El divorcio saca lo peor de la gente y, casi siempre, las dos partes son responsables de él. No hay ganadores ni perdedores; solamente hay perdedores cuando una familia se desintegra.

Probablemente ya has visto cómo se desarrolla esto. Después de una lenta escalada de conflictos, finalmente la tapadera explota, las dos partes que pelean caen en un estado de supervivencia y desde algún lugar primitivo de su psique, deciden sacar sus armas y pelear.

Cuando estás en la secundaria, estar en medio de un divorcio se parece mucho a estar en medio de una balacera sin armas. Esquivas el fuego cruzado y cuando todo ha terminado, los pistoleros probablemente no son los únicos con heridas. La mayor parte del tiempo, sales de la pelea bastante herido.

Cada conversación que ocurría entre mis padres terminaba como algo nuclear. Perdían el control, se ponían su traje de batalla y volvían a entrar en batalla. Mi inofensiva madre desprendió el teléfono de la pared y lo lanzó al otro lado de la habitación. Mi padre, hombre de negocios, se puso incontrolablemente enojado y frecuentemente decía cosas hirientes, con el único propósito de herir a la mujer que en realidad todavía amaba. Mamá y Papá ni siquiera eran capaces de decidir dónde mi hermana y yo nos reuniríamos con mi papá para pasar el fin de semana. En una fracción de segundo, toda la conversación se derretiría. Sacarían las armas y, una vez más, estaríamos esquivando el fuego cruzado.

Cada discusión era tan poco convincente como las negociaciones de paz entre los israelíes y los palestinos, y cada intento de tomar una simple decisión terminaba en caos y matanza. No creo que Mamá y Papá en realidad quisieran matarse, pero a veces actuaban como si lo quisieran. Y como en todas las guerras, había daño colateral.

Toda la situación era como un potro en escalera, el artefacto medieval para torturar, que jala las extremidades de los cuerpos al girar una manivela. Cada pelea entre mis padres era otro giro de la manivela, que me jalaba entre las dos personas que profundamente amaba.

Mi hermana y yo llegamos a ser cada vez más inseguros en cuanto a la vida, mientras mirábamos a nuestra normalmente mansa y benevolente mamá y a nuestro increíblemente generoso y fiel papá enredados en una batalla que destrozó la vida de su anterior relación amorosa.

Ahora, mi mamá y mi papá tienen otras relaciones maravillosas, pero hablan de la época de su divorcio de la manera en que los veteranos de guerra hablan de Vietnam o del Golfo Pérsico. Tienen cicatrices de guerra y dolor que persiste. Si has estado cerca de un divorcio, probablemente conoces este dolor. Muchos divorciados viven el resto de su vida con vendas.

Se presenta la duda

Cuando las bombas estaban cayendo y las balas volaban en mi hogar, comencé a cuestionar la bondad de Dios. Me encontré viendo hacia el cielo, perplejo y preguntándome dónde estaba Dios cuando mi familia se estaba fracturando. ¿Estaba dormido? ¿Estaba ignorándonos? ¿Estaba ocupado con cosas más importantes?

Pronto mi fe infantil, que alguna vez fue incondicional, estaba en una condición crítica, mientras me hacía preguntas muy difíciles en cuanto a la existencia de Dios y del cristianismo. Lentamente vagué por el sendero de mi dolor personal y me encontré dudando de Dios cada vez más. Sentí que mis dudas eran totalmente justificadas, dadas mis circunstancias. Dios tenía preguntas qué responder, ¡y yo no iba a dejar que quedara libre de culpa!

Pero mientras más bailaba con la duda y más culpaba a Dios, me sentía peor conmigo mismo. Simplemente no podía creer que tenía el descaro para dudar de él, pero, de alguna manera, igual lo hacía. En retrospectiva, todo el escenario era muy confuso. No necesariamente decidí dudar; las dudas simplemente aparecieron en mi mente un día. Eran visitantes inoportunos pero llegaron, ya fuera que las quisiera o no.

Esto ocasionó un gran problema porque mi cultura no permitía que la gente dudara de Dios ni que lo cuestionara. No había que dudar de Dios; había que obedecerle y se juzgaba y criticaba a los que dudaban. No se les ayudaba. Bien podría habérseles decorado con una gran **D** roja para que se les evitara, como si hubieran sido contagiosas.

Así que ahí estaba yo, con una crisis de fe y sin poder acudir a alguien que no me juzgara.

Tenía miedo de buscar las respuestas que desesperadamente necesitaba, porque pensaba que los cristianos pensarían de mí horriblemente. Después de todo, había sido educado para mantener ese exterior arreglado cuando se trataba de mi fe. Poner en peligro ese exterior no era una opción.

Estaba enfrentando mi primera tormenta espiritual. Era feroz e implacable y no había ningún socorrista a la vista. Mi ancla estaba rota y yo estaba a la deriva en un mar de preguntas.

El escéptico Tomás

Ahora sé que las épocas de duda son perfectamente normales cuando la vida se pone un poco accidentada, pero entonces no lo sabía.

Como si la guerra entre mis padres no hubiera sido lo suficientemente difícil, emprendí otra guerra en mi corazón. Por un lado, sabía que necesitaba a Dios, pero por otro lado, me tenía profundamente confuso. Estaba cuestionándolo y dudaba de él, pero, aunque parezca mentira, todavía estaba llamando a su puerta, suplicándole que me pusiera atención.

Estaba confundido por todo lo que estaba pasando a mi alrededor, aun así, me iba a la cama y clamaba a él. Toda la situación era espiritualmente desorientadora. Estaba atrapado en un atolladero de incredulidad y no quería estar en arenas movedizas. Yo no pedí estar allí, y no salté a eso. Pero allí estaba y sabía que si no luchaba por salir, me hundiría.

Me sentía como la persona más famosa que dudó, el apóstol Tomás.

Quería tanto creer que Jesús estaba vivo y todos me habían dicho que Jesús estaba vivo, pero simplemente necesitaba algo más. Necesitaba experimentar la vida nueva de Jesús en *mi* vida. Necesitaba saber que iba a hacer algo en toda esta locura y que no me estaba abandonando indefinidamente para que me valiera por mí mismo. Quería y necesitaba creer que Dios tenía mi situación bajo control, pero convencerme de eso se estaba poniendo increíblemente difícil. Sentía como si mi fe hubiera sido sumergida bajo una enorme oleada de incredulidad. Me lanzaba y me daba vueltas violentamente a su paso. Jadeaba con agua salada en mi nariz y algunas veces pensé que me iba a ahogar.

Recuerdo estar sentado en la iglesia cuando era niño y escuchar que una maestra hablaba del apóstol Tomás. A ella no le gustaba. Su insípida lección bíblica dio un giro desagradable cuando fue hora de hablar del escéptico Tomás. Su cara se contorsionó con un gruñido de crítica.

"Bien, niños y niñas, hoy vamos a hablar de Tomás."

Su nariz se arrugó como si hubiera olido comida descompuesta. Tal vez tenía espuma en la boca... No me acuerdo. Pero sí recuerdo que le gustaba Tomás tanto como a mí me gustó comer una pequeña cabra en la India (más acerca de esto después).

Para ella, Tomás era un chico malo por una sencilla razón: Dudó de Dios. Se rehusó a creer la palabra de los demás discípulos, e insistió en tocar a Jesús. Por lo tanto, Tomás era una vergüenza para el cristianismo.

La maestra sacó su pequeño dedo encorvado. Fue horroroso. Gritó: "Niños y niñas, nunca sean como Tomás. ¡No duden nunca de Dios!" Salí de esa clase con miedo de dudar.

En realidad no le tenía miedo a Dios. Le tenía miedo a la maestra gruñona que creía que debería llamarse Cruella. Estaba seguro de que ella se enteraría que alguna vez yo había dudado de Dios, que me perseguiría o resucitaría de los muertos y me golpearía hasta dejarme inconsciente con su Biblia gigante. En el Sur, algunos maestros de escuela dominical son *duros*, y Cruella era la gallina madre.

Pero, ¿te acuerdas de la verdadera historia de Tomás? Como muchas historias sensacionales, comienza con una tragedia. Jesús había muerto y los discípulos se habían esparcido con incredulidad.

La muerte de Jesús dejó a mucha gente decepcionada y confusa. Lo habían visto hacer milagros y lo habían oído proclamar su deidad. Habían escuchado sus enseñanzas y mucha gente pensó que con el tiempo derrocaría al César y establecería el reino de Dios en la tierra. Después de todo, sí dijo que era el Hijo de Dios, el Mesías, y había caminado sobre suficiente agua para convencer a la gente de ello. Aun así, por alguna razón, no había sido capaz de detener su propio asesinato.

Algunos de los discípulos pensaron que su muerte había ocasionado el fin de su aventura y muchos de ellos inmediatamente iniciaron su plan B. Mateo pudo haber pensado en volver a cobrar impuestos y Pedro pudo haber podido desenredar sus redes.

Imagina cómo se sintieron los discípulos al ver al Hijo de Dios y Rey de reyes totalmente indefenso en las manos de los romanos. Hasta Pedro ("la roca") cedió cuando los espectadores inquisidores le preguntaron acerca de su conexión con Jesús. Con casi nada de instigación, Pedro negó su amistad con Cristo tres veces. Después de ver a Jesús morir en una confusión sangrienta, casi todos sus seguidores se esparcieron como moscas. Eran amigos en las buenas que no querían su propia corona de espinas. Apuesto a que algunos de ellos tuvieron pesadillas durante días y ninguno podía creer lo que había pasado. Una cosa era segura. Los romanos y los judíos por igual pensaron que la muerte de Jesús era un indicio de la muerte de su movimiento.

Entonces, recordarás que todo cambió. En una historia turbulenta, la fe finalmente derriba a la incredulidad y Jesús se levanta triunfante. La tumba estaba vacía y docenas de seguidores de Cristo lo vieron. La aventura que parecía estar muriendo, claramente estaba apenas comenzando.

Los discípulos necesitaron de un milagro. Ahora tenían su milagro y tenían una tumba vacía para demostrarlo. Inmediatamente convocaron a una reunión en una habitación de una planta alta, para volver a agruparse y todo estaba progresando bien para todos —excepto para Tomás.

Los demás apóstoles, incluso los testigos oculares, pasaron horas tratando de persuadirlo. Insistieron en cuanto a haber visto personalmente al Señor. Algunos de ellos describieron haberse topado con Jesús en el camino hacia la aldea de Emaús, otros habían visto el curioso capullo de lienzos sepulcrales que había dejado, y todos quedaron anonadados por la capacidad de Jesús de mover la piedra de dos toneladas que protegía su tumba. Mucha gente dio testimonios personales de las apariciones de Jesús.

Tomás fue como una roca con su escepticismo. El que dudaba no creería. Los testimonios de los demás tuvieron poco efecto en Tomás. Simplemente no eran convincentes porque las historias eran *sus* historias. Tomás sabía que no podía obligarse a creer sin su propia experiencia. Tenía que ver a Jesús, tocarlo y saber que podía volver a confiar en él. No estaba satisfecho con una fe de segunda mano.

Finalmente, Tomás se cansó de sus esfuerzos persuasivos. Gritó de frustración: "Si no viere en sus manos la señal de los clavos, y metiere mi dedo en el lugar de los clavos, y metiere mi mano en su costado, no creeré."[1] El jurado todavía no ha tomado una decisión en cuanto a Tomás.

Jesús tuvo que haber oído el discurso pretencioso de Tomás porque se apareció en la habitación de la planta alta e invitó a Tomás para que pasara sus dedos por sus cicatrices.

Esta experiencia con Jesús llegó a ser el primer paso de Tomás hacia una fe radical.

Reconsideremos a Tomás: ¿Escéptico o buscador?

Fui educado para considerar a Tomás una vergüenza para el cristianismo, pero ahora lo veo de manera distinta. Ya no lo juzgo. De hecho, preferiría pasar tiempo con Tomás que con Cruella. De alguna manera, encuentro solaz en la frustración de Tomás con Jesús. Tomás no estaba dispuesto a conformarse con nada menos que con una fe de primera mano.

A Tomás no le importaba mucho oír de otros acerca de la resurrección de Cristo. No se iba a conformar con sus testimonios. Quería su propio testimonio. Él mismo quería ser un testigo. Se le conoce principalmente como alguien que duda, pero creo que hay más en esta historia. Era un hombre en búsqueda de una fe genuina. Estaba buscando la clase de fe de la que me refería anteriormente. Tomás quería saber por sí mismo lo que todos los demás le habían dicho que era cierto. Quería buenas razones para creer, antes de volver a comprometer su vida con una causa que podría costarle su vida. Quería pararse en sus propios pies o no pararse para nada, y había decidido que no viviría perpetuamente en los hombros de la fe de otra gente. Él tendría su propia fe o no creería. Necesitaba razones de primera mano para creer.

Debido a todo esto, no creo que Tomás sea una vergüenza para el cristianismo. En realidad es uno de nuestros galardones. Es como Pablo y Pedro, Moisés y Noé, Abraham y David. Es un galardón porque Jesús se le reveló, y su búsqueda de fe lo llevó a un compromiso tan radical que finalmente llegó a ser un mártir. ²Todo esto pasó porque algo en la psique de Tomás fluía más profundamente que su duda. Su duda apareció primero por un deseo de conocer la verdad. Tomás no estaba tratando de huir de la verdad. Simplemente quería su propia experiencia con Jesús.

De hecho, la duda de Tomás en realidad fue un catalizador para una búsqueda pura de algo más y de algo más profundo. Su duda surgió de su deseo de conocer a Jesús por sí mismo con certeza, no de un deseo de dejar a Jesús con incredulidad. De hecho, no creo que Tomás quisiera dejar su fe en absoluto. Creo que era un hombre bondadoso que estaba protegiendo su corazón para que no volviera a destrozarse. Sabía que ya no podía participar más en esta saga, a menos que Jesús en realidad estuviera vivo.

Estaba tratando desesperadamente de aferrarse a su fe, a pesar de la crisis de la crucifixión de Jesús. Esto es más factible por el hecho de que estaba con los demás apóstoles en la habitación de la planta alta. No era incrédulo. Tenía suficiente fe como para estar allí. Muy dentro del corazón de Tomás, en realidad creía, pero también sospechaba que Jesús, su amigo, tendría una experiencia sólo para él.

Mientras tanto, Jesús sabía que Tomás necesitaba creer, y Jesús estaba dispuesto a darle la experiencia.

En realidad, conozco a muchos cristianos que se beneficiarían con ser más como Tomás. Tienen que embarcarse en su propia búsqueda de la verdad y no ser como tantos cristianos que viven toda su vida a través de las experiencias de fe de otra gente, sin siquiera tener su propia fe.

El cristianismo está lleno de creyentes cuyo compromiso con Cristo es puramente cultural o familiar. Su fe no es necesariamente su convicción. Es la convicción de sus padres, pastores o cultura. Su familia o su cultura los llevó a la iglesia, a hacer cosas buenas, a ir a una universidad cristiana o a identificarse a sí mismos como cristianos.

Hace mucho tiempo en la historia familiar de los cristianos culturales, algún hombre, mujer o niño quebrantado se postró en el altar de una iglesia, suplicando la misericordia de Dios, y hasta este día las generaciones siguientes se han identificado como cristianos. El único problema es que estos descendientes no han tenido su propio momento de postrarse en el altar, suplicando la misericordia de Dios. Son cristianos porque la abuela o el abuelo era cristiano y esa es la base de su fe.

Por eso es que en realidad necesitamos más hombres y mujeres como Tomás en la iglesia. Necesitamos hombres y mujeres que no estén satisfechos con vivir su fe basada en los residuos de la relación de otros con Dios. Necesitamos gente que posea su propia fe y cuya confianza en Dios esté basada en su propia convicción.

Las temporadas de Tomás

Cuando comencé a sentir afinidad por Tomás me sentía avergonzado. Guardé mis dudas secretas como si hubiera estado involucrado en alguna clase de espionaje. Ahora, mi perspectiva es drásticamente distinta. Uso mi temporada de Tomás como una corona.

Necesitaba tener mi propia experiencia con Jesús para que mi fe sobreviviera. Claramente, la fe de mi mamá y mi papá no fue suficiente para mantener su matrimonio unido. La fe de su pastor consejero no fue suficiente para evitar una vida de hipocresía, y la fe de muchos de los asistentes a la iglesia que yo conocía, no parecía que afectara prácticamente la manera en que vivían sus vidas.

Ahora me doy cuenta de que mis dudas surgieron de mi propia búsqueda desesperada de saber, por mí mismo, que lo que creía era cierto. Era como Tomás, cuya búsqueda complicada de la verdad muy frecuentemente y muy fácilmente ha sido analizada como duda despiadada. Al final, mi temporada de Tomás no me alejó del cristianismo; me ayudó a cavar mi fundamento para una fe futura. Me ayudó a profundizar en un mundo de fe amplia, pero superficial. Me ayudó, por lo menos, a vivir honestamente de acuerdo a lo que creía que era cierto, y encontré la justificación que necesitaba para elegir confianza en lugar de duda.

La duda que surgió con el drama de mi familia terminó en convertirse en la clave de la solidificación de mi fe. Llegó a ser el catalizador que me hizo vivir de acuerdo a lo que creía y me lanzó a una búsqueda para distinguir lo auténtico de lo falso en mi vida de fe.

Comencé a profundizar en la Biblia y a leer acerca de los seguidores de Jesús que estaban comprometidos radicalmente. Estas historias contrastaban mucho con muchos de los cristianos tibios e inmaduros que conocía. ¡Los cristianos de la Biblia estaban dispuestos a vivir vidas extremas para Dios! Donaban grandes porciones de sus posesiones para el bien de los pobres, tenían el valor de desafiar a los leones en los coliseos y estuvieron dispuestos a caminar descalzos por caminos llenos de ladrones, para anunciar a Jesús a otros. La Biblia habla de los cristianos primitivos como excepcionales y dice que los cristianos estaban en el mundo pero no eran del mundo. Había algo místico en los primeros seguidores de Jesús, y algo en su peregrinaje de fe que es drásticamente distinto al de muchos de nosotros ahora.

Mi búsqueda de fe semejante a la de Tomás me llevó a preguntar qué creían los cristianos bíblicos de Jesús que yo no sabía, y qué de su peregrinaje de fe era distinto del mío. Honestamente, tenía una buena razón para estar un poco hastiado con el cristianismo y para ser escéptico con la experiencia de otros creyentes, pero en lugar de hacer mis maletas, de alguna manera, decidí que tenía que buscar a Jesús por mí mismo. Me di cuenta de que él es mejor y más glorioso que cualquiera de las mejores historias de segunda mano.

Algunas personas sí huyen de Dios cuando pasan por épocas de duda. Huyen tan lejos y tan pronto como puedan y transfieren toda su frustración, amargura e ira con la vida a Dios. Por alguna razón, en realidad no pude huir. Créeme, lo intenté. A fin de cuentas, no pude irme sin embarcarme en mi propia búsqueda de la verdad.

Cómo tocar a Jesús

Cuando la vida se vuelve violenta, muchos cristianos se preguntan y dudan, pero pocos lo admiten. Hay más Tomases entre nosotros que lo que alguna vez esperaríamos. Desafortunadamente, la iglesia frecuentemente no es un lugar seguro para que la gente admita y explore sus preguntas secretas.

Al principio, pensamos que estas épocas de crisis espiritual son peligrosas, y a veces lo son. Pero a menudo estas épocas llegan a ser catalizadores para una fe más profunda y más auténtica. Nuestras épocas de duda podrían no ser el fin de nuestra fe, sino el inicio de ella.

Esa fue la experiencia de Tomás. Jesús no le recriminó a Tomás su duda. En lugar de eso, invitó a Tomás a que le tocara sus heridas. Sabía que Tomás necesitaba creer. Entonces Jesús le dio la experiencia, y lo hizo porque amaba a Tomás. El apóstol que algunos habrían considerado como el creyente más débil del grupo resultó ser uno de los pocos que en realidad fue capaz de tocar las heridas de Cristo, que dan origen a la salvación. Tomás se atrevió a cuestionar por el bien de su propia alma, y Dios fue lo suficientemente misericordioso para darle las respuestas y la evidencia que necesitaba.

La temporada de duda de Tomás no se convirtió en una vida de duda. Con el tiempo, según la tradición de la iglesia, Tomás viajó a la parte del sur de India como misionero. Murió allí como mártir. Ahora, la iglesia de Tomás todavía vive en la India. Una tradición cristiana de 2000 años sigue sobreviviendo en una de las naciones menos cristianas por el "apóstol que dudó".

La duda de Tomás, finalmente, se transformó en un compromiso radical para vivir por Cristo.

Puedo imaginarlo en la punta del sur de India, testificando a los seguidores del hinduismo acerca del día que tocó las heridas de Jesús. Tal vez terminaba su sermón diciendo: "Por sus heridas fui sanado." Cuando Tomás llegó a la India, creía lo suficiente como para morir por lo que creía. El escéptico Tomás había encontrado algo que era digno de su vida y de su muerte.

LA LIBERACIÓN DE LA FE
POR QUÉ LA FE EN DIOS TIENE SENTIDO

[3]

Elie Wiesel tenía 15 años cuando él y su familia fueron capturados en su hogar de Transilvania y fueron trasladados al campo de concentración más grande de Hitler. Wiesel habla de las imágenes que se grabaron en su psique en su libro *Night*.

> Nunca olvidaré aquella noche, la primera en el campo, que ha transformado mi vida en una noche larga, siete veces maldita y siete veces sellada. Nunca olvidaré aquel humo. Nunca olvidaré las pequeñas caras de los niños cuyos cuerpos vi transformados en espirales de humo, bajo un cielo azul silencioso.

En Auschwitz, Wiesel perdió a su madre y a su hermana menor antes de que él y su padre fueran trasladados al segundo campamento de concentración más famoso de Hitler. Tuvieron que caminar de Auschwitz a Buchenwald en una larga fila de prisioneros demacrados. Sabían que el peregrinaje frío era una caminata hacia su muerte.

Wiesel, finalmente, fue rescatado de Buchenwald por las fuerzas aliadas, pero para su padre llegaron demasiado tarde. Unos cuantos días antes había muerto.

Los recuerdos de estas experiencias, sin duda, son el ímpetu que tiene la inversión de toda la vida de Wiesel para asegurar que una tragedia como esa nunca vuelva a repetirse. Aunque parezca mentira, a pesar los horrores de Auschwitz y Buchenwald, Wiesel insiste en que ha mantenido su fe en la existencia de Dios.

Un reportero que simplemente no podía creer que Wiesel todavía creyera en Dios, le preguntó cómo podía reconciliar la existencia de un Dios bueno con la maldad que había presenciado. Esta fue la respuesta de Wiesel:

> Nunca he abandonado [mi fe], y ella nunca me ha abandonado a mí. Lo que se haya sacudido, se ha sacudido dentro de la fe, porque la fe siempre ha estado presente. La pregunta era: ¿qué está pasando en el mundo, por qué está pasando, y según qué diseño? Así que, sí, hay un sacudimiento de la fe, pero también hay fe.[1] En otra ocasión, Wiesel habló abiertamente acerca de preguntarle a Dios por qué permitiría esa catástrofe. "No ha respondido esa pregunta", dijo a un reportero, "pero no he perdido la fe en Dios. Tengo momentos de ira y protesta." Luego dice algo extraordinario. "A veces [en esos momentos de ira y protesta] he estado más cerca de él por esa [única] razón"[2].

No presumo entender el grado de sufrimiento e infortunios que Elie Wiesel soportó y presenció en los dos terrores de Auschwitz y Buchenwald. Ni siquiera estoy seguro de que yo habría tenido la fortaleza moral para mantener mi fe en medio de ese dolor. Pero, de alguna manera, entiendo lo que quiere decir cuando dice: "Lo que se haya sacudido, se ha sacudido dentro de la fe."

Hasta en mis propias dudas y en mi propia frustración con la manera en que el plan de Dios para mi vida ha resultado, de alguna manera, siempre he sabido en lo más profundo de mi corazón que Dios estaba allí, que estaba obrando y que yo le importaba. Aún cuando el polvo fue sacudido de las vigas de mi fe, de alguna manera creía. Incluso cuando quería huir como protesta, e incluso cuando estaba confundido y frustrado, sentí la atracción gravitacional de mi fe establecida en la existencia de un Dios bueno. Él estaba allí y siempre había estado. Aunque yo estuviera interesado en dejarlo, él no tenía el interés de dejarme. Cuando no podía comenzar a discernir por qué estaban ocurriendo algunas cosas, de alguna manera sabía quién tenía todo bajo control.

Cuando tomo un momento para escuchar lo que mi corazón me está diciendo, me doy cuenta de que mis dudas también fueron ejercidas *dentro* de mi fe y no en contra de ella. En realidad, mi fe nunca estuvo en riesgo, aunque parecía que estaba en un respirador.

Cómo llegué a creer en Dios

La mayoría de la gente en el mundo cree en alguna clase de Dios, y cree en Dios por cualquier clase de razones. Para mí fue, en última instancia, una decisión racional. No podía pasar del antiguo argumento del filósofo y teólogo del décimo tercer siglo, Tomás de Aquino. Él creía que Dios tiene que existir porque hace mucho tiempo, antes de que la historia comenzara, alguien que no había tenido comienzo tenía que existir para crear algo de la nada. Los filósofos se refieren a esto como el argumento cosmológico para la existencia de Dios. Dicen que en algún punto, una *causa sin causa* o una *causa primera* inició todo lo que ahora conocemos.

Hay muchos otros argumentos para la existencia de Dios, como el hecho de que aprobara la universidad o de que encontrara a mi bella esposa, pero el argumento de Aquino siempre ha sido el más convincente para mí. Al final, sólo este argumento me neutralizó. Simplemente no podía deambular alrededor de una pregunta sencilla: ¿Cómo comenzó todo? ¿Cómo es que la vida vino de la nada?

Hasta este día, contemplar esto simplemente me deja sin palabras, y me convence de la probable existencia de Dios. Si voy a ser intelectualmente honesto conmigo mismo, poniendo todas mis presuposiciones a un lado, tengo que admitir que la mejor explicación para esta causa sin causa, basado en toda la información que tengo a mi disposición, es que hubo un creador sobrenatural que no tuvo inicio. Yo lo llamo Dios.

Suficientemente sencillo, ¿verdad? La existencia de Dios tiene sentido. Cuando me establecí en esta creencia, me hice otra pregunta. Si creo que Dios existe, entonces, ¿quién es este Dios? Esta pregunta ha requerido de mucha más deliberación.

Desde mi niñez, se me enseñó a creer que este Dios era el Dios de la Biblia, pero mi duda me hizo buscar otras explicaciones potenciales para Dios. Quería determinar cuál de las definiciones que el mundo da de Dios era la más probable de ser cierta.

Esta larga y rigurosa búsqueda podría ocupar otro libro. Me llevó al corazón de las creencias como el hinduismo, el budismo, el islam, el sijismo y el jainismo, y a muchas de sus diversas sectas y formas. Viajé a la ciudad hindú más santa, visité el lugar del primer sermón de Buda, me paré en la mezquita más grande de Asia y viajé por muchos lugares que se mencionan en la

Biblia. Caminé por campos de incineración, me reuní con monjes tibetanos y hasta presencié el exorcismo de un hombre endemoniado por un difunto santo sufí. Leí sus textos, hablé con sus líderes, visité sus lugares santos y me atreví a hacer a un lado mis propios prejuicios. Mientras buscaba dentro de los silenciosos confines de mi corazón me atreví a preguntar: ¿Y si esto es la verdad? ¿Qué si Shiva, Alá o Buda son una mejor explicación que Jesús?

Al final, y sin llenar todos los espacios vacíos, tuve que admitir que ninguna explicación de Dios, ningún sistema religioso y ninguna persona santa se comparaba con Jesús, el Dios de la Biblia. Finalmente, mi mente se unió a mi corazón y me hizo creer en él.

Dios está definido por lo que se requiere de fe

Cuando decidí que el Dios de la Biblia era la mejor explicación de Dios que podía encontrar, tuve que tomar una decisión. Podía confiar en él o no. Podía someter mi voluntad a él como Dios, o podía rebelarme en contra de él, mi Creador.

Hay un problema con creer en el único Dios verdadero. Simplemente no puedes llegar a él con tus propias condiciones. Porque él es Dios, por definición, él está a cargo. Él hace las reglas, él manda y merece ser el dueño de tu destino. Si él es Dios, él también es el jefe. Dios no tiene jefe. Descubrir que él es Dios determina lo que debo creer y cómo debo vivir.

A esto es a lo que la Biblia se refiere como la *verdad*. La verdad es la definición de Dios de lo que es correcto y justo y su explicación de cómo debemos vivir y percibir la realidad. Esto es lo que Jesús tenía en mente cuando explicó que si nos aferramos a su enseñanza, conoceremos la verdad y la verdad nos hará libres.

Tengo que aclarar que soy inferior a Dios, que es quien define la verdad. Mi responsabilidad es someterme a su autoridad, renunciar a mi deseo de su control y canalizar mis intereses para servir sus intereses.

Entonces puedo decidir creer y vivir de acuerdo a esas creencias. De otra manera, por defecto, estoy decidiendo rebelarme en contra de esas creencias. En ese caso, no me estoy rebelando en contra de mi mamá, de mi papá, ni de mi maestro o pastor. Me estoy rebelando en contra de mi Hacedor, que resulta que también se interesa profundamente en mí. Esto hace que la incredulidad sea una tragedia doble. Le doy la espalda no solamente a mi Creador, sino también al que me ama más de lo que yo alguna vez podré comprender.

Cuando decido creer en Dios, no tengo que decidir qué es lo que quiero creer, y no tengo que decidir qué verdad vale la pena creer. Decido *en quién* creer, y él va a decirme *qué* creer.

Típicamente, hacemos exactamente lo opuesto. Decidimos lo que queremos creer y luego nos ocupamos de tratar de redefinir a Dios (o buscamos otro dios) para que encaje en nuestro sistema de fe ya establecido. Ponemos el carruaje delante del caballo. Esto es epidémico ahora. La gente quiere definir la verdad por sí misma, pero eso no funciona así. Definir la verdad no es trabajo nuestro. Ese es el trabajo de Dios. Nuestra responsabilidad es creer y vivir la verdad que Dios define. Y al final, cuando creo la verdad y vivo la verdad, me doy cuenta de que la verdad me ayuda; no me lastima. Eso es lo que Jesús dio a entender cuando dijo que la verdad nos libera.

Cómo definir este asunto

Quizá también recorras las religiones del mundo para buscar respuestas a tus preguntas. Mientras lo haces, estoy convencido de que lentamente comenzarás a dar muerte a tus preguntas fastidiosas y encontrarás buenas razones intelectuales para confiar en Jesucristo. Pero al final, tienes que tomar una decisión en cuanto a lo que creerás. ¿Decidirás confiar en Dios y aceptar su verdad, o la negarás?

Flechas de duda rebotaban con el divorcio de mis padres y se alojaron en mí. Para sanar, no tuve que responder preguntas intelectuales en cuanto a Dios; tenía que decidir confiar en él. Es posible que hubiera dicho durante los momentos más dolorosos: "Ya ni siquiera creo que Dios exista." Pero si hubiera diagnosticado mis heridas más claramente y hubiera hablado más honestamente, habría dicho: "No estoy contento con Dios ahora mismo." No me sentía bien en cuanto a Dios. Las razones lógicas para creer nunca cambiaron. Mi convicción con frecuencia era todavía sólida en lo profundo de mi corazón y, de alguna manera, en lo más profundo de mi ser sabía que Dios existía, pero no estaba dispuesto a confiar en él en mi época de dolor personal.

Si decides aceptar a Dios como la fuente de verdad, estás decidiendo confiar en él.

Cuando la gente se arrepiente de sus pecados y recibe salvación en Jesucristo, toma la decisión de alinear su vida y sus valores con Dios. Deja su pecado y rebelión, acepta el regalo de salvación de Jesús y comienza a seguir un camino nuevo de confianza en Dios.

La gente frecuentemente comete un error serio al decidir si confía en Dios o no: Espera hasta que *tiene ganas* de tomar la decisión de seguirlo totalmente. Sí, esta decisión a veces es una decisión emocional, pero a veces no lo es. Las decisiones son decisiones. Evalúas la evidencia y tomas la decisión.

Así que te invito a hacerte unas cuantas preguntas sencillas. Si no confías en Dios, ¿sabes por qué? ¿Sabes qué es lo que evita que tomes la decisión de creer? ¿Se basa tu duda en preguntas legítimas, o no quieres abandonar lo que en realidad ya crees?

La fe es finalmente una decisión, y creo que la gente toma esa decisión de dos formas. Una forma es deslizarse hacia la fe como un niñito que está nervioso por meterse en una piscina. Finalmente se mete a la piscina, dedo por dedo y extremidad por extremidad, pero tarda mucho tiempo. La otra manera es saltar hacia la fe como un niño que retrocede de la orilla de la piscina y luego sale corriendo a toda velocidad y se lanza en la piscina sin ver atrás.

Cuando se trata de la fe, algunos nos deslizamos y otros saltamos. Ninguno está equivocado, pero finalmente tenemos que decidir si vamos a meternos a la piscina. No podemos vivir a medias para siempre.

¿Puedo hacer una sugerencia? Si te estás deslizando cuidadosamente, ¿por qué no dejas de luchar y saltas?

¿Recuerdas estar bailando nerviosamente alrededor de la piscina, con muchas ganas de meterte pero todavía con miedo al agua? ¿Y te acuerdas cómo fue cuando finalmente tuviste el valor de sumergirte? Era tan fría e incómoda, al principio. Pero en cuestión de segundos, todo cambió. El frío se fue, y la pasaste como nunca.

Si estás comenzando a percibir que estás luchando en contra del Dios que sabes que necesitas, tal vez sería liberador que simplemente te detuvieras. Tal vez ahora es tiempo de que te arrodilles y susurres una oración sencilla: "Dios, confío en ti."

Esa oración podría sentirse como una leve lluvia en un día de verano abrasador. Y después de eso, todo cambia.

FE ENTRE LAS CENIZAS DEL GENOCIDIO
CÓMO INCLUSO EL MAL APOYA LA FE

[4]

En 1994, más de un millón de ruandeses fueron asesinados en apenas unos 100 días. Entonces, de repente, el misterioso asesinato del presidente ruandés, Juvenal Habyarimana, hizo que se destapara la caldera de la rivalidad étnica, que se había estado cocinando por muchos años en esta pequeña y bella nación del Este de África.

La tensión entre los hutu y los tutsi había llevado a otras confrontaciones a lo largo de la historia débil de Ruanda, pero en esta desafortunada ocasión, se derramó. El odio abrasador quemó esta pequeña nación. Al final, muchos de los tutsi fueron asesinados en manos de sus vecinos hutu, y el arma de su elección en este genocidio fue un simple machete.

La gente literalmente fue asesinada y hecha trizas en tanto que el mundo moderno observaba. El odio auténtico se agotó en un escenario global, con un reparto de gente moderna que había prometido nunca permitir que esta clase de cosas ocurriera otra vez. Pero volvió a ocurrir, en tanto que el mundo dormía o lo miraba en las noticias de la noche. El odio fluyó frenéticamente y dejó huérfanos, viudas y sangre a su paso.

En unos días, los cuerpos de las víctimas estaban apilados para que se descompusieran en fosas comunes. Algunas iglesias se convirtieron en mataderos y sus pastores en cómplices. Casi nadie creía que Ruanda alguna vez se recuperaría de su momento espantoso en la historia. En un poco más de tres meses, la nación se convirtió en el lugar de los muertos y sus asesinos. Los valientes reporteros y trabajadores de las ONG han registrado mucho del genocidio y los testigos oculares continúan con profundas cicatrices psicológicas.

Las víctimas eran hombres, mujeres y hasta sus hijos. El crimen era sencillamente haber nacido tutsi, y el castigo fue horrendo y espantoso.

El general que estaba a cargo de la misión de las Naciones Unidas en Ruanda, Roméo Dallaire, escribió una memoria espantosa en la que relataba historias de mujeres embarazadas que habían sido violadas, y les sacaban a sus hijos de sus vientres mientras se obligaba a los hombres mirar. Asesinar a alguien con un machete es algo difícil, según Dallaire, así que a veces los asesinos dejaban a sus víctimas medio muertas y luego volvían el día siguiente a terminar el trabajo. Toda la noche las víctimas sufrían con dolor, tirados entre cadáveres, esperando su propio asesinato, pero estaban demasiado débiles para escapar. El General Dallaire vio cómo se desarrollaba esta horrorosa historia. Sus memorias de la masacre finalmente llegaron a ser tan abrumadoras que dos veces intentó suicidarse.

Cuando visité Ruanda, me paré en una colina que daba a una fosa común de un cuarto de millón de personas. Visité la iglesia de una aldea, a donde 1500 personas habían huido para refugiarse, para después morir macheteadas adentro. En el sótano de la iglesia, me paré a la par de los huesos enterrados de 29,000 víctimas de la aldea vecina. Muchas de esas víctimas eran niños que estaban estudiando en la escuela de la aldea cuando los perpetradores llegaron con sus machetes y su deseo de sangre.

Cada persona viva que conocí había sido afectada personalmente y profundamente herida por lo que había ocurrido en este pequeño país africano. Si no tenían las cicatrices físicas de los incidentes que casi los mata, los perseguía el recuerdo de ver los asesinatos de sus parientes.

Decidir confiar en Dios con el dolor ocasionado por el divorcio de mis padres era una cosa. Para la gente en Ruanda confiar en él es una cosa totalmente distinta.

Mi visita a Ruanda no fue mi primera cita con el genocidio. Un año antes, pasé una semana en Bosnia, facilitando un proyecto humanitario con algunos estudiantes de la Universidad Liberty. Ellos se hospedaron en hogares de bosnios, muchos con paredes que todavía estaban salpicadas de agujeros de las balas que habían rociado su ciudad durante un sitio de tres años por los ejércitos de Slobodan Milosevic. Todos en esta ciudad bosnia tenían su propia historia de pérdida en el genocidio que ocurrió alrededor del mismo tiempo que el incidente ruandés.

Particularmente recuerdo tener una larga conversación en un asilo con un anciano discapacitado Había sido lisiado toda su vida, y antes del genocidio, había vivido en la misma aldea que su familia había ocupado por décadas. Entonces comenzaron los asesinatos. A medida que los soldados marchaban de aldea en aldea, el anciano sabía que le esperaba la muerte, por lo que optó por suicidarse en lugar de esperar que los soldados serbios lo degollaran. A los soldados no les importaría que su incapacidad hacía que fuera casi indefenso. Lo matarían simplemente por miedo a sus generales, o podrían estar personalmente convencidos de que el genocidio era correcto. De cualquier manera, sabía que moriría lenta y dolorosamente, como si los soldados lo disfrutaran.

Él determinó suicidarse para no tener que soportar la tortura. El anciano amable me mostró la cicatriz en el brazo, donde se había metido el cuchillo.

Soy muy bueno para contener mis emociones, pero en ese momento, sentí que la emoción brotaba dentro de mí. Tuve que salirme de la habitación para recobrar la calma. El hombre me había dicho cómo había sobrevivido a su intento de suicidio y explicó que unos vecinos que huían lo llevaron a un lugar más seguro. Él es un sobreviviente del genocidio, pero al igual que todos los bosnios, tiene su propia cicatriz, un recordatorio del momento en que fue un personaje de una película de terror en la vida real.

La mayoría de los bosnios que vivían en esta aldea no fueron tan afortunados. Fueron asesinados; implacable, dolorosa y, a menudo, lentamente.

Lo que más recuerdo de aquel hombre es su cara amable y la calidez de nuestra conversación. A pesar de comunicarnos por medio de un traductor, sentí como que era mi propio abuelo. Tenía una cara alegre y acogedora y estaba genuinamente interesado en mí.

Era víctima del verdadero mal. No lo merecía, pero había ocurrido. Él no lo ocasionó, pero soportó sus repercusiones.

Justo antes de salir de Bosnia, visitamos un puente en una ciudad vecina. El puente fue construido hace siglos por el Imperio Otomano. Llegaba hasta un cañón que un río había tallado en las montañas. Este puente se convirtió en el escenario malvado para la reencarnación de la Edad Media.

Habían reunido a más de 1000 hombres bosnios en la aldea. Los degollaron y los lanzaron al río embravecido para que se murieran. Estos padres y hermanos no eran soldados; eran civiles que simplemente eran culpables de ser bosnios. En una fracción de segundo, murieron una muerte innecesaria, sus esposas enviudaron y sus hijos quedaron huérfanos.

Desde entonces he pensado muchas veces en lo que pasó allí. La memoria está grabada en mi mente como un recordatorio de lo que el mal hace a la gente buena.

Mi recuerdo final de Bosnia es de un paseo maravilloso que hicimos en una bella montaña. La nieve blanca cubría todo, hasta las ramas de los míticos árboles delgados que rodaban el camino. La vista primorosa era casi sobrenatural. Entonces pensé en el genocidio. Imaginé la sangre de hombres y mujeres inocentes que pintaba esa nieve pura con un rojo carmesí. No podía creer que tantos hombres buenos habían sido asesinados y muchos hombres buenos habían sido engañados para que creyeran que los bosnios debían ser borrados de la tierra.

Al ver por la ventana por un momento, con mi cabeza posada en mi mano, sentí una profunda sensación abrumadora de ironía, de que algo tan horrible pudiera haber pasado en un lugar tan encantador. No tenía idea de que existiera esta clase de mal personificado en nuestro mundo moderno.

Cómo el mal revela a Dios

Estoy escribiendo este capítulo desde el vestíbulo de un hotel de una típica ciudad estadounidense, lleno de típicos estadounidenses que no pueden comenzar a imaginar el genocidio. Simplemente no tienen idea. En sus peores días, cuando no tienen dinero ni amor, todavía son residentes del país más próspero, seguro y estable.

Acabo de comenzar a llorar. Justo aquí en el vestíbulo del hotel, estoy llorando. De hecho, estoy destrozado. Es un poco embarazoso, pero no me importa. He visto algo por lo que vale la pena llorar. Aunque nunca he experimentado la guerra ni el genocidio de primera mano, he visto su evidencia, y eso me afectó profundamente. Escribir estas palabras me ha hecho recordar eso.

El Arzobispo de Ruanda me dijo que normalmente se requieren tres años de ministerio y terapia para hacer que los jóvenes sobrevivientes del genocidio sonrían. Tienen tantas cicatrices por lo que han experimentado. Todos los días caminan en tierra fertilizada por carne humana en descomposición. Lloran lágrimas de 15 años al recordar los momentos de temor que incapacita y se preguntan cuándo su seguridad actual será destrozada otra vez por alguna repetición inquietante de odio latente y en ciernes.

La mayoría de la gente simplemente no tiene idea de la clase de maldad que vaga en algunas partes de este mundo y en los corazones de ciertos hombres. De hecho, he oído que algunos dicen que la maldad solamente es un producto de nuestra imaginación. Solamente la gente que nunca ha visto sus efectos hace esta absurda afirmación, ya sea que están equivocados en su teología o ignoran la realidad que tiene sujeta a millares de gente con necesidad. Creen que toda guerra y violencia es injusta y que son responsables de protestar hasta que la paz cubra la tierra. Tratan de encontrar el bien hasta en las peores cosas.

El único problema con este pensamiento es que la gente todavía está muriendo, los hombres malos todavía están triunfando y el mundo todavía está lleno de injusticia. Los niños son obligados a ser esclavos o a estar en la prostitución, gente buena muere innecesariamente y el dolor es el activo más barato del mundo.

Yo solía interesarme un poco con esta clase de idealismo. Pasé por mi propia fase en la que bailé con una clase de teología fracasada, que buscaba redefinir el mal como una forma de buena intención desalineada. Los libros que leí propagaban una clase de cristianismo más suave, que estaba inclinado hacia el pluralismo y el humanitarismo hasta la exclusión del evangelio. Eran proponentes de la paz más de lo que lo eran de Jesús. También batallaban con dudas acerca de la fidelidad de las Escrituras y cuestionaban la veracidad de las afirmaciones de Cristo.

Este idealismo de los teólogos nuevos sospechosamente parece un intento de definir la verdad por sí mismos. Salieron en busca de una nueva clase de cristianismo que encajara en sus creencias preestablecidas. Reinventaron a Jesús. Metieron a Jesús en una clase de fe que estaban creando. Por eso es que no creían en el mal, en el genocidio, ni en la realidad del horror que hombres y mujeres enfrentaban en lugares como Ruanda y Bosnia.

Yo estaba luchando con mi duda e hipocresía dentro de la iglesia, por lo que algunas de sus ideas me parecieron interesantes. Pero también estaba batallando para someterme a la verdad de Dios como la verdad. Quería creer que el pecado y el mal eran exagerados.

Entonces presencié los efectos de la peor clase de pecado y la evidencia del mal demoníaco manifiesto.

Quería creer que la verdad era un poco flexible. Que era cierto para ti o cierto para mí, pero no absoluta. Luego vi lo que ocurre cuando la gente actúa en lo que es cierto para ellos. Lo vi en los ojos cansados de la gente que otros creían que debería ser extinguida de la tierra.

Quería creer que no había infierno. Entonces me paré en los restos carbonizados del infierno en la tierra. Quería creer que cuando todo se había dicho y hecho, Dios simplemente extendería la alfombra roja hacia el cielo y dejaría que todos llegaran, arrepentidos o no. Entonces leí o presencié la obra de hombres que no les importaba nada acerca de Dios ni del hombre, y vi cómo el pecado termina en la peor clase de muerte.

En su libro sobre el genocidio ruandés, el General Roméo Dallaire dice algo que también llegué a creer. "Sé que hay un Dios porque en Ruanda le estreché la mano al diablo. Lo he visto, lo he olido y lo he tocado. Sé que el diablo existe y, por lo tanto, sé que hay un Dios."

No sé si Roméo Dallaire es cristiano, pero creo que su argumento de dos oraciones para la existencia de Dios dio en el blanco. Si el mal existe, el bien también debe existir. De otra manera, no sabríamos qué es el mal.

Irónicamente, fue la existencia del mal lo que también llevó a C. S. Lewis a creer en Dios.

> Si el mal existe... debe haber un... absoluto "afuera del mundo" ...por el que podemos saber que en realidad es mal. Si hay un verdadero mal, entonces debemos tener una... norma del bien por la que lo juzgamos como el mal. Esta norma absoluta de bondad sugiere a un Dios que en sí mismo es esta norma, absoluta e infinita.[1] Esta búsqueda llevó a Lewis a esta creencia en una ley moral, hecha por Dios, que gobierna la ética del universo. Lewis investigó la historia antigua y estudió las grandes civilizaciones, como las de Egipto, Babilonia, India, China, Grecia y Roma. No pudo encontrar un solo ejemplo de una clase distinta de moralidad que gobernara esas civilizaciones. Lewis una vez escribió: "Piense en una civilización donde a la gente se le admirara por huir en la batalla, o en la que un hombre se sintiera orgulloso por traicionar a toda la gente que ha sido muy buena con él. Y por qué no tratar de imaginar un país donde dos más dos son cinco."[2] Lewis determinó que Dios debe existir porque hay una ley moral, instituida por un ser divino, que de alguna manera está escrita en nuestros corazones y en la historia. El mal es, por definición, la ruptura de esta ley moral, y es lo opuesto a Dios, no la obra de Dios.

¿Por qué batallamos para solidificar nuestras creencias y edificar un puente con esas creencias para nuestras vidas diarias? Una razón es que hemos presenciado muy poco sufrimiento y muy poca maldad. Como resultado, no hemos reconocido que la verdad de Dios lleva al bien. No hemos reconocido nuestra necesidad de Dios. No nos hemos sometido a él que es el equilibrio del universo.

Ruanda encuentra a Dios

Mis experiencias en Ruanda y Bosnia me llevaron a creer que hay bien y que hay mal. Hay un Dios y hay un diablo. Un camino lleva a la vida y el otro lleva a la destrucción.

Hoy, la gente en Ruanda sabe que necesita a Dios y se han acercado a Jesús masivamente. Jesús no es muy conocido en Bosnia. Por consiguiente, Ruanda se está recuperando de una manera milagrosa, pero Bosnia está batallando para encontrar a su Príncipe de Paz. Muchos ruandeses ahora saben que Jesús sana a la gente herida y perdona a los pecadores —hasta a los autores del genocidio que se han arrepentido.

Mucha de la gente que conocí en Ruanda ha llegado al final de sus opciones y se ha dado cuenta de que Jesús es su única esperanza. Casi todos tenían preguntas difíciles que hacerle a Dios, pero finalmente buscaron a Dios por esas respuestas. Sabían que podían decidir seguir el camino del mal, que finalmente los llevaría a la venganza y a más guerra y más muertes, o todavía podían creer y confiar en un Dios, que de alguna manera podría reparar los efectos de las malas decisiones de hombres engañados y depravados.

Muchos de los ruandeses que conocí sabían que solamente Dios podía sanar sus corazones heridos, sólo Dios podía pacificar el odio futuro y sólo Dios podía resucitarlos de sus cenizas. Estaban muy desesperados como para preguntar por qué Dios había permitido su sufrimiento. Sabían que sólo Dios podía sanarlos.

Jesús sana

La vida lastima a todos, y todos sufren en su propio contexto. Poca gente enfrentará alguna vez los horrores del genocidio, pero todos tenemos nuestro propio dolor, nuestras propias heridas que atender y nuestros propios momentos en los que recurrimos a Dios con desesperación o huimos de él afligidos. En esos momentos, decidiremos ya sea estar heridos y sanar o estar heridos sufriendo. Ruanda me enseñó no sólo acerca del mal del enemigo sino también de la bondad y fidelidad de Dios.

John Rucyahana ha sido llamado "el Obispo de Ruanda". En el vuelo hacia ese país, leí su libro. Él comienza el libro preguntando: ¿Dónde estaba Dios en Ruanda?

> En 1994, por lo menos 1.117.000 de gente inocente fue masacrada en un horrible genocidio en Ruanda, mi país natal, en el centro de África. Todavía estamos encontrando cuerpos —enterrados en fosas, lanzados en ríos, cortados en pedazos. Además de dar los detalles de esta historia muy triste, mi meta con este libro es contar

una historia maravillosa y edificante. Es la historia de la nueva Ruanda, un país que ha buscado a Dios y que Dios está bendiciendo.

Es incorrecto decir que Dios se había olvidado de Ruanda o que la odiaba. Es como decir que Dios se olvidó de Jesús cuando estaba en la cruz. Jesús clamó con dolor porque se sintió abandonado, pero Dios no lo había abandonado. Dios estuvo con él en su dolor, ayudándolo a lograr su propósito a través de ese dolor. El mundo ha abandonado y se ha olvidado de Ruanda, especialmente las naciones ricas y poderosas, pero Dios no se olvidó de Ruanda.

¿Dónde estaba Dios cuando un millón de gente inocente estaba siendo despedazada?

¿Dónde estaba Dios cuando los sacerdotes y los pastores ayudaron a masacrar a la gente en sus iglesias?

Le diré dónde estaba Dios. Estaba con las víctimas que estaban tiradas en el frío piso de piedra de la catedral. Estaba consolando a un niño moribundo. Estaba llorando en el altar. Pero también estaba salvando vidas. Muchos fueron salvados con milagros. Dios no huye cuando el mal se apodera de una nación. Él habla a los que todavía están escuchando, alivia el dolor del que sufre y salva a los que pueden ser salvos. El hombre tiene libre albedrío y Dios no pasará por encima de él. A veces el mal tiene su época porque los hombres se han entregado mucho a él. Pero incluso entonces, Dios no los abandona. Dios espera para hacer un milagro.

Dios esperó cada momento durante el genocidio para que le permitiéramos obrar. Para algunos, esto ocurrió de una manera sorprendente, justo en las narices del diablo, pero para la mayoría de nosotros está ocurriendo ahora, a medida que Dios sana los corazones heridos y las conciencias cauterizadas. Dios siempre ha usado a los quebrantados y está usando a esta nación quebrantada para manifestar su gracia y poder. Está tomando el quebrantamiento ocasionado por el mal y lo está usando para un propósito mayor —una gran reconciliación en una nación a la que el mundo no solamente había renunciado, sino que había entregado al diablo, y a su propio mal.

No estoy predicando esas cosas desde un altar aislado, lejos del conflicto y ajeno al dolor. Hablo desde Ruanda, y hablo a través de mi propio dolor. Mi sobrina de dieciséis años, a quien amaba mucho, fue violada y asesinada de una manera tortuosa y horrible... Sé lo que es perdonar a través de las lágrimas.[3]

Cómo sanar

El Obispo John Rucyahana me invitó a dar la homilía del domingo en su iglesia. Honestamente, no tenía idea de qué decir. Oré desesperadamente para que Dios me ayudara. Me sentí como un estudiante de enfermería con la tarea de hacer una cirugía de corazón abierto. No estaba preparado.

Le pedí a Dios que me diera las palabras; le supliqué que me las diera. Sabía que muchos de los de la congregación todavía estaban batallando con el dolor oculto y algunos de ellos tuvieron que haber albergado una desconfianza profunda al cristianismo, después de presenciar la colaboración de muchos pastores en el genocidio de Ruanda.

A medida que cientos de ruandeses llenaban la catedral, mi corazón latía fuertemente en mi pecho. Estaba hojeando la Biblia nerviosamente, buscando de un lado a otro y suplicándole a Dios que hablara a través de mí, más allá de la barrera del idioma y a los corazones de mis hermanos ruandeses.

Dios me ayudó, pero mi sermón no fue la más memorable de mis experiencias en la iglesia del Obispo Rucyahana. A medio servicio, me di cuenta de que los asistentes eran tanto perpetradores del genocidio como sus víctimas sobrevivientes. Los asesinos estaban adorando con los perseguidos. Los hutu y los tutsi estaban cantando juntos en presencia mutua y de Jesús.

El Obispo Rucyahana había pasado mucho de su ministerio predicando el poder del evangelio para reconciliar y yo estaba en presencia de eso. Los cristianos allí creían que Jesús perdona el pecado, sana los corazones y puede dar origen a cosas gloriosas en lugares muy quebrantados.

Esta iglesia estaba llena de gente que estaba sanando. Sólo por el poder de Dios ellos pudieron encontrar su alegría perdida, y sólo por el poder de Dios ellos pudieron perdonarse mutuamente y perdonarse a sí mismos. Ver a estos hombres y mujeres sanar y adorar juntos, de alguna manera, tranquilizó mis preguntas tormentosas. Mis preocupaciones parecían tan insignificantes en ese momento divino. Estaba viendo una división del Mar Rojo. El agua del quebrantamiento se había transformado en el vino de sanidad, y el león de venganza yacía con el cordero de misericordia. Dios estaba allí en las cenizas de destrucción. No estaba actuando en complicidad con el genocidio, sino que era cómplice en la sanidad de la gente.

Estos hombres y mujeres sabían que el mayor mal del mundo no podía soportar el poder reconciliador del evangelio de Jesucristo. Así que adoraban a su Sanador con todos sus pulmones. Aplaudían y levantaban sus manos en adoración. Sus caras estaban adornadas con sonrisas espléndidas y estaban emulando alegría. Pude sentir el poder de la vida nueva en Cristo.

Entonces, en un momento apropiado para una epopeya, los cristianos terminaron el servicio dominical cantando "Estoy bien con mi Dios." Entonces supe que necesitaba conocer mejor a *este* Jesús. Este Jesús no era simplemente una figura histórica para los ruandeses. Había resucitado y estaba vivo, y estaba obrando para convertir sus cenizas en algo bello. Este no era el Jesús del cristianismo falso y cultural. Este era el Jesús que hace que brote agua en lugares áridos. El Jesús que imaginó el Desierto del Sahara y la Falla de San Andrés, que inventó el amor y que convierte el agua en vino. Yo necesitaba más de *ese* Jesús en mi vida.

[TODOS SOMOS HUÉRFANOS
CÓMO VER A JESÚS A TODO COLOR]

[5]

Batallamos para creer y para vivir de acuerdo a nuestras creencias porque nunca hemos visto a Jesús vendando al quebrantado de corazón, sanando y ayudando a la gente que sufre. Vivimos nuestro cristianismo como si Jesús todavía estuviera en su tumba.

De hecho, cada vez que volvemos a gatear bajo nuestras capas de cristianismo cultural muy bien decorado estamos enterrando a Jesús otra vez. Ponemos la piedra de apatía en la puerta que lleva a un Jesús vivo, transformador, que ayuda y sana. Ponemos un obstáculo entre nosotros y el Jesús resucitado que tan desesperadamente necesitamos.

Y si hacemos esto lo suficiente, sustituimos al Jesús verdadero con un Jesús inactivo, insípido y aburrido. Llega a ser como el cuadro de una puesta de sol en blanco y negro. No está vivo brillantemente en nuestras mentes, ni muy ocupado obrando en nuestras vidas diarias. No nos está sanando aquí y ahora; se convierte en el Jesús de entonces y de allá, sólo otro personaje de otra de las narraciones de la historia. Curiosamente, tenemos un truco para tomar la narración más esencial de la historia y deconstruirla en otro relato notorio de una época distinta.

¡Pero Jesús no es solamente otra historia! Él es la bisagra en la que la historia gira. Su historia es épica, la fuente de lo que estamos buscando, independientemente de que sepamos cuán desesperadamente la necesitamos.

La historia de Jesús nos revela lo que en realidad necesitamos, aunque no la queramos o pensemos que necesitamos otra cosa aun más.

No conocemos bien a Jesús. Fácilmente es la persona más famosa de la historia —casi todos están bien familiarizados con su historia, mucha gente cree en su deidad y en su resurrección y todos los creyentes genuinos, en algún momento, le han entregado sus vidas con confianza. Pero no conocemos bien a Jesús porque hemos permitido que nuestro cristianismo cultural le quite su resplandor. Hemos dejado que se desvanezca en nuestros recuerdos, por lo que hemos llegado a ser nominales, no comprometidos, indiferentes, Cristianos de relaciones públicas. La vida con Dios se reduce a un doble religioso.

Jesús todavía es admirado por sus enseñanzas, y se confía en él por su sacrificio, pero de alguna manera su vida y muerte ya no parecen tan reales. Entonces leemos acerca de Jesús de la manera en que leemos un relato añejo de George Washington cuando cruzó el Delaware, o de Napoleón en sus conquistas. Leer acerca de Jesús no solamente es una tarea espiritual. Es divina. Es viva.

Demasiado familiar

Parte del problema es que la historia de Jesús es muy familiar para nosotros. La conocemos tan bien que se le ha escurrido la vida, como a las historias que nuestros abuelos nos contaron una y otra vez.

¿Recuerdas las historias de tu abuelo? La primera vez que las oíste quedaste fascinado. Te reíste y quedaste perplejo y tal vez hasta lloraste. Pero tu abuelo te contó las mismas historias cada Navidad por diez años, y pronto las tenías memorizadas. Anticipabas las frases más importantes de la historia y sabías qué era lo siguiente. Ya no eran interesantes ni sorprendentes. El asombro se desgastó con la repetición.

Pero incluso sin el asombro, seguiste oyendo porque disfrutabas mucho de tu relación con tu abuelo. Mucho después de que las historias perdieran su fascinación, seguiste disfrutando esos momentos simplemente porque estabas con tu abuelo. Las historias eran solamente un puente entre él y tú. Estaban decorando su relación. Eran los cuadros de la pared. Eran los adornos del árbol.

He aprendido que lo mismo ocurre cuando se trata de mi relación con Dios. Tengo que recordar que las historias acerca de Jesús son vehículos que me llevan a lugares más profundos en mi relación con él. La relación es mayor que solamente las historias.

Tengo que mantenerme conectado a Cristo de cerca, o se desvanecerá en algún lugar, en los escondrijos de mi mente, donde guardo los relatos históricos que aprendí a lo largo de mi niñez. Se sentará justo a la par de la construcción que el Shah Jahan hizo del Taj Mahal y de la entrega de la Estatua de la Libertad a los Estados Unidos. Jesús se enfriará en mi mente con Winston Churchill, Hudson Taylor y Ghandi.

Tengo que ver correctamente la historia de Jesús, y tengo que darme cuenta de que el último capítulo todavía no se ha escrito. La historia de Jesús todavía se está escribiendo ahora, en el mundo y en mi vida, aquí y ahora. Si no me doy cuenta de esto, me veré tentado a vivir a través de relatos de fe de segunda mano. Nunca podré buscar una relación cada vez más profunda y mi experiencia con él será confinada únicamente a los testimonios de otra gente. El color se desvanecerá de mi vida con Dios, así como sucede con los muebles desgastados por el sol de la plataforma trasera de una antigua casa de playa. La salida del sol otra vez llegará en blanco y negro.

Jesús, el Gran Cañón y la imaginación

Nuestra experiencia con Jesús fácilmente puede llegar a ser como mi experiencia con el Gran Cañón de Colorado. Cuando era niño, conocía gente que había visitado el Gran Cañón, había visto documentales que lo describían y había visto fotos de él. Supe que se abre camino a través del occidente de los Estados Unidos por alrededor de 300 millas, y en algunos lugares tiene cortes en la tierra de 24 kilómetros de ancho por un kilómetro y medio de profundidad. Supe que el gran Río Colorado se ve como un hilo de agua cuando miras abajo desde la parte de arriba del cañón, y supe que todo esto está enclavado en medio de uno de los lugares más desérticos y áridos de los Estados Unidos.

Supe todo esto antes de visitar el Gran Cañón. Lo supe por relatos de segunda mano, pero saber de algo y experimentarlo son cosas totalmente distintas. Yo sabía del cañón, pero todo era rumores. Yo no era un testigo presencial.

Cuando finalmente lo visité, rápidamente me di cuenta de que las historias que había oído y las imágenes que había visto eran enormemente menos impresionantes que el asunto real. El Gran Cañón era simplemente incomprensible a través del conocimiento de primera mano. Era mucho más grande y mucho más imponente de lo que podría haber imaginado.

Nunca olvidaré el día en que mi papá y yo nos las arreglamos para hacer una excursión en helicóptero por encima de la monstruosidad. Fue glorioso. El momento en que sobrevolé el Gran Cañón permanece impreso en mi memoria. Contaré a mis nietos acerca de ese momento. Hay vida en ese recuerdo porque cuando hablo de eso, estoy hablando de mi propia experiencia. Es una historia en primera persona, ligada a un evento real.

Siempre deberíamos poder relatar nuestra propia, y la más reciente, experiencia con Jesús. Nuestras historias deberían ser en primera persona y deberían venir de conocimiento de primera mano.

Cuando la gente nos pregunte de Jesús, podríamos responder sus preguntas repitiendo las experiencias de otras personas con él. ¡Pero qué mejor es responder a sus preguntas repitiéndoles nuestras propias experiencias con él! Podemos contarle a la gente de su obra en nuestra vida y acerca de nuestro amor personal por él.

A medida que nuestras experiencias con Jesús aumentan, más naturalmente y más fácilmente vivimos la clase de vida que queremos vivir y que sabemos que debemos vivir. Encontramos el valor para creer. De hecho, he aprendido que tener el poder para vivir esta clase de vida es casi imposible si no permanezco cerca de Jesús. Puedo creer mucho más fácilmente, y vivir las verdades que en mi corazón sé que son verdaderas, cuando en serio alimento mi relación con él. En la próxima sección escribiré acerca de cómo alimentar esa relación, pero te daré una vista previa aquí.

He aprendido que darle tiempo a mi relación con Jesús y usar mi imaginación son dos secretos que mantienen viva mi relación con él. Ninguna relación crece sin tiempo, y tu relación con Jesús y la Biblia serán inmensamente más ricas si dejas que tu imaginación te ayude a presenciar los eventos más importantes de la historia bíblica.

Por ejemplo, no hace mucho tiempo, leí 2 Corintios 8:9: "Porque ya conocéis la gracia de nuestro Señor Jesucristo, que por amor a vosotros se hizo pobre, siendo rico, para que vosotros con su pobreza fueseis enriquecidos." Primero lo leí como un relato normal del evangelio. Inmediatamente no me afectó. Entendí que decía: "Jesús vino del cielo a una tierra saturada de pecado y sufrió y murió en mi lugar." Como lo veía, eso era básicamente lo que Pablo quería decir.

Entonces me detuve para meditar en el versículo y le apliqué mi imaginación. Casi inmediatamente, una parábola me vino a la mente. No fue sólo la formulación de palabras en mi cabeza; fue una imagen muy clara. Pude *ver* la historia en mi mente, y el drama le agregó electricidad a ese sencillo versículo de la Biblia. Cobró vida con luces rojas intermitentes y sirenas. Yo estaba dentro del versículo; se había salido de la página hacia mi vida. En lugar de simplemente entender las palabras, estaba viendo a Jesús cara a cara.

Estaba parado en el Gran Cañón.

Esta parábola le dio nuevo significado al mensaje de un simple versículo. Me hizo verlo de manera distinta, a todo color y no en blanco y negro. La parábola lo hizo cobrar vida. Este era un momento muy personal e íntimo en mi relación con Dios, pero me gustaría compartir esta parábola contigo.

La parábola que cobró color con el evangelio

Ana ha vivido en las calles desde que su padre y su madre la dejaron en la estación del tren. Ahora mismo, su casa es una cuneta. Ella cree que tiene alrededor de diez años.

Ana vive en una época anterior a la electricidad y al agua entubada. Los reyes todavía montan carrozas y los bufones son los artistas de éxito en la corte. El ritmo de la vida se mide con la salida y la puesta del sol. Los pobres son muy pobres, los ricos son aun más ricos y la esperanza es la cosa más extraña. Para algunos, la gente como Ana, la esperanza es imposible.

Como huérfana, Ana ha aprendido a defenderse muy bien. Sabe en qué casas desechan los mejores desperdicios y qué callejones son peligrosos para las niñitas en la noche. Es una luchadora lo suficientemente buena como para mantener su comida lejos de niños más débiles de la calle y es lo suficientemente astuta como para esconderla de los mayores. Es una conocedora de la calle —una sobreviviente.

También es muy desdichada.

Cada día nuevo parece alimentar su miseria. Duerme en su cuneta, su única ropa le queda demasiado pequeña y su pelo está imposiblemente largo y enredado con lodo. Su piel está normalmente tres tonos más oscura de lo que debería ser, por la ceniza que se ha endurecido en ella. Siempre tiene hambre y está cansada por la forma en que la gente la mira con desagrado. Peor aún son las miradas condescendientes de la gente que es genuinamente compasiva, que está dispuesta a verla pero totalmente renuente a ayudarla.

Lo peor de todo es que siempre tiene miedo. Sabe que sólo es cuestión de tiempo para que un ladrón o traficante de esclavos la "invite" a unirse a su negocio. Sabe que los horrores que ha conocido no son nada comparados con los que conocerá. Siempre está asustada, con un terror espeluznante que la mayoría de la gente nunca conocerá en la vida real. Para ella, la ficción es su realidad. No tiene futuro y ella lo sabe.

Es una niña de la calle. Eso es todo lo que es y es todo lo que alguna vez será.

Ana solía sonreír solamente una vez al año. El reino donde vivía tenía un festival anual que era algo como de un libro de cuentos. Todo el país cobraba vida con entretenimiento y festines. La música y la risa llenaban las calles. Un desfile fantástico exhibía filas de carrozas y payasos, animales exóticos y artistas, y hasta el mismo rey, que pasaba en la procesión en su carroza de oro puro. Ana anticipaba este desfile cada año. Era lo único que ella esperaba con ansias. Salía de su cuneta, escalaba una pared y esperaba con anticipación a que pasara el desfile.

Primero, escuchaba el golpeteo de los tambores y el silbido de las flautas. La música aumentaba a medida que el desfile se acercaba, y lo que quedaba de niña en ella reía y reía, mientras miraba a los payasos pasar a tropezones y tartamudeando.

Los animales la fascinaban. Se maravillaba con el cuello de serpentina de la jirafa y quedaba atónita con el enorme tamaño del elefante. Un año, hasta vio una carroza con leones africanos enjaulados. Dormían en sus jaulas la mayor parte del desfile, pero ella fue lo suficientemente afortunada como para verlos cuando se despertaron. Aun recuerda verlos caminar de un extremo de su pequeña jaula al otro. Cada león tenía la mirada ansiosa de un cazador, listo para su presa.

Por alguna razón, pensaba que era divertido. Los leones se veían tan frustrados mientras caminaban de atrás para delante en su jaula. Se inclinó para decirle a alguien lo bonito que se veían las melenas de los leones y lo insólito que era que un animal tan poderoso y peligroso fuera tan bello.

Pero como de costumbre, nadie estaba allí para que ella se lo dijera. La soledad la invadía. Dejó caer su cabeza. Pero entonces vio otra vez a los payasos e inmediatamente se alegró con sus payasadas.

Sin embargo, los payasos no eran su parte favorita del desfile. Tampoco lo eran los animales ni la música. Ella anticipaba más echarle un vistazo a la carroza del rey. Nunca había visto nada más bello en toda su vida.

Por lo que esperaba y miraba con anticipación. Finalmente, lo veía a la distancia, cubierto de oro y adornado con piedras preciosas que brillaban con el sol. Era bello y muy valioso, y ella sentía como si estuviera en una tierra mágica donde los pobres podían convertirse en príncipes y los sueños de todos podían llegar a ser una realidad. No había huérfanos en su fantasía.

Cada cierto tiempo, el buen rey abría la puerta de su carroza y saludaba con la mano a las multitudes que lo ovacionaban. A Ana le encantaba cuando él lo hacía. El rey tenia una cara tan feliz y amable. Ana agitaba su mano para saludarlo y sonreía, imaginando que el rey la estaba saludando a *ella*.

Antes, ella esperaba este momento todo el año, pero este año no. Ana es tan desdichada que ya no le importa el desfile. Ya no le queda alegría, ya no hay ninguna sonrisa escondida en su corazón. Ya puede oír el estrépito del desfile que se acerca cuando decide irse de su pared y bajarse para su cuneta.

Se acurruca como una pequeña pelota, con su cara enterrada en la arena y su espalda contra el camino. El desfile pasará justo a su lado. Tendrá un asiento en primera fila, pero ella no lo quiere. Ni siquiera tiene las fuerzas para voltearse para dar un vistazo. Está demasiado triste. Le gustaría poderse quedar dormida para siempre.

El desfile pasa mientras Ana duerme en su cuneta. Los bufones de la corte y los payasos, la jirafa y los elefantes, los músicos y otros cien espectáculos pasan tan cerca que sus sombras protegen a Ana del sol de medio día. Entonces la carroza del rey llega con su gloria resplandeciente. Aun así, Ana duerme.

El rey abre la puerta y la gente vitorea. Todos claman para tener un vistazo de su amable cara, mientras la carroza se desplaza lentamente por el centro de la ciudad. Este ha sido el momento culminante de cada desfile.

Pero entonces sucede algo inusual. El rey abruptamente ordena que se detenga la carroza, y todos comienzan a preguntarse si pasa algo malo. El rey ha seguido este camino una docena de veces, y nunca en la historia del desfile se ha detenido aquí.

La gente rica, a un lado de la calle, se endereza la ropa. ¡Tal vez viene a saludarlos!

Un tipo le pregunta a su amigo: "¿Pasa algo malo?"

Su amigo, enderezándose la corbata responde: "Ah, no, probablemente viene a saludar a un parroquiano adinerado." Espera ser él.

El rey es un hombre grande e imponente. Parece que llena la calle. La enorme cola de su capa escarlata se arrastra al salir de la carroza, mientras él camina por el camino polvoriento. La tela es muy valiosa. La escena parece un poco extraña a medida que la prenda real cae a tierra con una columna de polvo. Más extraño aún es la vista de él caminando por la calle, arrastrando la capa a su paso. Su profundo color rojo se desvanece rápidamente bajo una capa de polvo.

Ana está ajena. Todavía duerme en su cuneta.

Pero, de repente, se despierta sacudida por dos brazos grandes que la levantan. El temor recorrió su espalda. ¿La están secuestrando? Inmediatamente Ana activa su instinto de conservación. Sus músculos se ponen tensos. Comienza a pensar más rápidamente. Levanta su brazo para dar un golpe y voltea la cabeza para centrar su objetivo.

De repente, se detiene con incredulidad. El rey la ha levantado.

Horrorizada por la vista de que su propia piel y ropa sucias toquen la bella capa del rey, se siente avergonzada y confundida.

Él le susurra: "Todo está bien," mientras se dirige a su carroza. Ana se quedó muda; la multitud está atónita. Suavemente, el rey la introduce en el bello coche y ordena a sus conductores que prosigan.

Desde ese momento, Ana llegó a ser parte de la familia del rey. Comía en su mesa y usaba ropa bella. El rey cambió su vida y su destino porque la adoptó en su familia.

Así es como Ana se convirtió en hija del Rey.

Este es el tipo de momento que Jesús estaba imaginando cuando dijo en Juan 14:18: "No os dejaré huérfanos; vendré a vosotros." El apóstol Pablo tenía esta idea en mente cuando escribió el versículo que leí y otros similares.

"Porque ya conocéis la gracia de nuestro Señor Jesucristo, que por amor a vosotros se hizo pobre, siendo rico, para que vosotros con su pobreza fueseis enriquecidos."[1] "Habéis sido comprados por precio."[2] "En amor habiéndonos predestinado para ser adoptados hijos suyos por medio de Jesucristo, según el puro afecto de su voluntad."[3]

El giro sorprendente

¿Qué habría pasado si la historia de Ana no hubiera tenido un final feliz? Imagina que llegó al hogar del rey y rápidamente inició una vida nueva en su propia ala del castillo. Pero a pesar del amor de su padre nuevo, ella se rehusaba a hablar con él y a familiarizarse con su nueva vida. De hecho, solamente llegaba a cenar ocasionalmente y, cuando lo hacía, se sentaba al otro extremo de la mesa. Durante toda la comida se rehusaba a mantener una conversación con su padre nuevo, el rey. A veces lo pasaba mientras hacía una caminata en la mañana por los amplios corredores del castillo, pero incluso allí, solamente lo saludaba con la cabeza. Hasta se quejaba de que su ropa nueva no estaba a la moda y que su habitación era anticuada.

¿Qué si Ana hubiera acabado como una mocosa malagradecida? Me repugna pensar que hiciera poco caso de tanta generosidad y se rehusara a comunicarse con el rey. Aun así, puedo verme en la imagen de Ana como un mocoso desagradecido. Mi propia indiferencia hacia el amor generoso de Dios se ve demasiado similar.

Somos recipientes de una gran misericordia, así que ignorar intencional o accidentalmente nuestra relación con Dios es una tragedia en su sentido más épico. Nos convertimos en Ana la mocosa, acordonados en nuestro propio lado del castillo, ignorando intencionalmente a nuestro Padre adoptivo.

Dios ciertamente merece nuestra sujeción porque él es Dios, pero algo mucho más profundo nos obliga a vivir fielmente. El apóstol Pablo dice: "su benignidad te guía al arrepentimiento."[4] Cuando comenzamos a comprender realmente su amor y su gracia, nos vemos obligados a creer y a vivir fielmente. Cuando veo a Jesús como él es, deseo vivir de una manera que lo agrade. Mi gratitud alimenta mi relación con él.

Dios ha hecho más que suficiente para merecer nuestra fe.

[PARTE 2]

[DE LA FE
A UN ALMA SALUDABLE]

No es suficiente con solamente admitir que Dios es Dios y que es suficientemente merecedor de tu fe. Esto es simplemente un primer paso que inicia tu relación con él. Para poder tener una relación saludable con Dios, tienes que llenar tu mente y tu corazón de esta verdad. De otra manera, nunca aprenderás a vivir sinceramente lo que crees. Tu relación con Dios siempre será débil si no consumes la verdad regularmente, o si llegas a estar distraído por cosas inferiores, o si decides rebelarte en contra de lo que Dios dice que es cierto.

LA NECESIDAD DE COMIDA PARA EL ALMA
EL ALMA ESCUÁLIDA

[6]

Los cristianos débiles generalmente no le cierran la puerta a Dios en la cara. Su compromiso a menudo disminuye por el descuido y por una lenta inanición espiritual. Tu relación con Dios se parece mucho a tu relación con otra gente. Tienes que agregarle el material adecuado para sacar el producto adecuado de ella.

Las relaciones rara vez se mueren por algún suceso catastrófico. Las relaciones muy frecuentemente se mueren por el efecto combinado de cientos de pequeñas decisiones que ignoran las necesidades de otros, o por darle prioridad constantemente a tus necesidades, por encima de las de ellos. Finalmente, la comunicación se debilita entre la gente. Ya no conversan "sólo porque sí", y pronto se evitan mutuamente. Antes de que te des cuenta, las relaciones que alguna vez fueron prósperas yacerán cerca de la muerte, en las esquinas de habitaciones empapeladas con viejos recuerdos de días mejores.

¿Por qué? Porque las relaciones se mueren por inanición. Prosperan cuando se alimentan con las cosas adecuadas. Las relaciones moribundas cojean con los recuerdos de alegrías pasadas que están desapareciendo. Las relaciones saludables siempre están creando recuerdos nuevos. Lo mismo es cierto de tu relación con Dios. Puede ser que si no es saludable, el problema tenga que ver con inanición espiritual.

Comienza con mi estómago

He aquí lo que pienso en cuanto a esto. Si voy a vivir, tengo que comer, ¿verdad? Esta es la premisa básica en la que se apoya mi vida física. Si no como, me muero. Es así de simple. Los muertos no disfrutan mucho la vida, por lo que tengo que comer si voy a disfrutar de la vida.

Este principio viene de mi corazón. No solamente necesito comer, me gusta comer. No lo sabrías al verme, pero la comida me obsesiona totalmente. Yo estoy entre la gente que tiene menos probabilidades de tener hambre en el mundo. Todos saben que conduzco dos horas, sólo de ida, para poder comer en uno de mis restaurantes favoritos. De hecho, me he quedado sentado por horas, como si estuviera en una condición inducida por drogas, halagando esos programas de cocina de mala calidad. Me encanta ver especialmente las versiones de viajes, en las que los chefs excesivamente entusiasmados van a los extremos de la tierra para comer hormigas y ratas y tener un festín con pescado descompuesto, cobras y sesos de vaca. Personalmente, me han convencido para que coma sopa de perro, rana hervida, patas de pollo y una linda cabrita de una aldea.

Algunas personas llaman a la gente como yo *gastro aficionado* o *adicto a la comida*. Y lo cierto es que verdaderamente pertenezco al equipo titular de adictos a la comida. Conozco a unos cuantos estudiantes universitarios que son adictos a la comida. Son máquinas de comer que pesan 50 kilos y que saltarían una cerca de alambre de púas para comerse un *filet mignon*, o una buena cubeta de pollo frito grasoso. Puedes imaginarlos. Comen del amanecer al anochecer y todavía tienen la grasa corporal de una supermodelo europea. Regularmente se bajan cantidades de grasa saturada con 2000 calorías de gaseosa, y de alguna manera logran verse como si su mamá y su papá los hicieron aguantar hambre cuando eran niños. Estoy seguro de que algún día seré un viejo en la playa, que carga su contador de calorías de, cuando unos cuantos de estos superhumanos pasarán corriendo hacia McDonalds. Claro, la mayoría de la gente no es *así* de fanática con la comida, pero hay un hecho establecido que cada persona viva tiene que comer, o morirá. Es así de sencillo.

Creo que el principio se aplica también a nuestra alma. Si el no comer es dañino para mi salud física, entonces no alimentar mi alma es dañino para mi salud espiritual. Si no alimento mi alma, o si alimento mal mi alma, tendré una relación no saludable y desnutrida con Dios. Mi relación con Dios comenzará a debilitarse por una lenta inanición. Por eso es que Jesús dijo: "No sólo de pan vivirá el hombre, sino de toda palabra que sale de la boca de Dios" (Mateo 4:4).

¿Por qué nos dejamos morir de hambre?

Es difícil hacer que tu vida espiritual sea una prioridad. Si eres como yo, comer el alimento espiritual rara vez parece tan importante como comer tres veces al día. ¿Por qué es tan difícil entender bien esto?

La necesidad de comida para el Alma

Nos dejamos morir de hambre espiritualmente por una de dos razones principales. Primero, en lo más profundo de nuestro corazón no percibimos que nuestra salud espiritual sea tan importante como nuestra salud física. Segundo, ignoramos nuestra salud espiritual accidentalmente, en tanto que nuestras otras prioridades la hacen a un lado. El primer problema requiere de un cambio en nuestra actitud; de alguna manera, hemos llegado a ser lo suficientemente arrogantes como para pensar que ya no necesitamos a Dios. El segundo problema requiere de un cambio en la administración de nuestro tiempo, para que las presiones y distracciones regulares de la vida diaria se mantengan en su lugar apropiado. Ambos asuntos requieren de una batalla larga para mantener humildad y equilibrio (más en cuanto a esto después).

Ya has invertido un poco de tiempo y energía para leer hasta aquí, así que no tengo que convencerte de que vale la pena luchar por esta parte de tu vida. Hasta la gente que parece estar desinteresada en las cosas espirituales tiene un presentimiento, en lo más profundo de su corazón, de que estas cosas probablemente merecen su atención. Algo en nuestra alma a veces clama y nos suplica que le pongamos atención. Podemos intentar sacar estas cosas de nuestra mente, podemos intentar enterrarlas bajo montones y montones de otras cosas, pero, de alguna manera, algo en nuestro interior aún nos dice que esto es importante. Esa voz, esos sentimientos interiores, son como punzadas de hambre espiritual que fueron colocadas allí por nuestro creador, Dios.

Cuando no estamos saludables espiritualmente, comenzamos a sentir este vacío que gime adentro. La gente a veces malinterpreta este vacío como hambre de algo más y trata de saciarla con toda clase de sustitutos. Trata de obtener mucho dinero o notoriedad, esperando que estas cosas la llene. Trabaja para elevar su condición social y para acumular cosas valiosas que a otra gente le gustaría tener pero, de alguna manera, el vacío todavía está allí. Otros tratarán de llenar el vacío, que hace eco, haciendo cosas buenas que los hace sentir bien consigo mismos. Es posible que adopten la justicia social y luchen con todas sus fuerzas por los alienados y desfavorecidos. Pero su alma todavía gime.

Tener dinero o abrazar justicia en realidad no es malo, pero estas actividades en sí no llenarán el vacío. Las punzadas de hambre en realidad son de Dios, que está clamando por una relación personal contigo. Si ya le has entregado tu vida a Jesús, probablemente te está atrayendo hacia una relación más profunda o te está llamando para que vuelvas después de una época distante. El vacío a veces es la manera en que Dios invita a la gente a aceptar, por primera vez, el regalo de una relación restaurada, a través de la vida, muerte y resurrección de Jesús.

A lo largo de toda la historia, la gente ha escrito acerca de estos gemidos del alma. Son una experiencia compartida universalmente. Juan Calvino se refirió a ellos como la "semilla de la religión" y San Agustín escribió en sus *Confesiones:* "Nuestros corazones están inquietos hasta que encuentran descanso en Ti." Algunas personas han llamado a este vacío un agujero en forma de Dios en nuestros corazones.[1] Creo que fue una buena manera de ponerlo.

Estoy convencido de que muchas veces, cuando sentimos que algo está desconectado en nuestra vida, ese agujero en forma de Dios está gimiendo. Nos grita que alimentemos nuestra alma, porque se está muriendo de hambre.

¿Está gimiendo tu alma?

Me pregunto si ese vacío está clamando a ti en este momento. Tal vez esa es la razón por la que tienes este libro en tus manos. Tal vez alguien te ha pedido que leas algo como esto. Tal vez tu alma está saludable y tu relación con Dios está viva. Por otro lado, tal vez estás en un respirador espiritual. De cualquier manera, tu alma podría tener hambre, quiere más de algo y se siente insatisfecha.

Si necesitas iniciar una relación con Jesús, o si necesitas comenzar a cuidar de tu relación otra vez, puedes hacer algo por eso en este mismo momento. ¿Te sientes hastiado y desilusionado y listo para un cambio? ¿Has descuidado tu alma por algún tiempo, pero comenzaste a sentir punzadas de hambre de Dios otra vez? Tal vez estás comenzando a darte cuenta de que crees más de lo que has estado dispuesto a admitir.

Si estás sintiendo alguna de estas cosas, te sugiero que te detengas para orar ahora mismo. Ve a buscar un lugar privado tan pronto como puedas y ten una conversación con Dios. No tienes que elaborar oraciones cuidadosamente, empapadas de una prosa santa. Simplemente puedes poner lo que está en tu mente en los hombros de Dios y hablar con él, con la misma franqueza y honestidad profunda que compartirías con un amigo.

Arrodíllate, inclina la cabeza y simplemente dile a tu Padre lo que necesitas decirle. Confiesa lo que ha salido mal, pide su ayuda para un nuevo comienzo y luego levántate, sacúdete el polvo y comienza a hacer lo que tienes que hacer para volver a estar saludable.

Cuando ores, habla con Dios como si estuvieras en tu sala con él. No lo imagines sentado en un trono distante, en una tierra lejana. Habla con él de la seguridad de que está allí contigo en este mismo momento. Cuando hayas terminado, puedes volver a este capítulo.

[La necesidad de comida para el Alma] 71

Permíteme ayudarte

¿No te sientes mejor ahora que lo has puesto todo en la mesa? He tenido experiencias como esta muchas veces en mi propia relación con Dios. A veces soy como un barco sin ancla, que lentamente va a la deriva en el océano. De vez en cuando, me sorprendo al descubrir lo lejos que estoy de Dios y tengo que volver a lanzar mi ancla. Esto es lo que estos momentos de oración sincera y examen del alma hacen —vuelven a anclar tu alma en un mundo donde muy fácilmente puede irse a la deriva, lejos de Dios.

Si no estuvieras leyendo este libro, y estuviéramos juntos teniendo esta conversación con una taza de café (como quisiera que estuviéramos), yo acercaría un poco mi silla a ti en este momento. Dejaría caer mi codo en la mesa, bebería un sorbo de café y haría contacto visual contigo, antes de hablar. Creo que si me vieras a los ojos, podrías ver mi genuino interés.

Te diría: "¿No te sientes bien saber que todo está bien con Dios otra vez? ¿No te sientes bien dejar de luchar y simplemente someterse a él?"

Y tal vez responderías: "Se siente como que se me ha quitado un peso de los hombros."

Yo coincidiría contigo. "Dios te *ha* quitado ese peso de los hombros, pero tengo que decirte que esto sólo es el inicio. Una comida buena no cuida de ti para siempre. Necesitas una dieta balanceada. Tienes que aprender a vivir de esta manera. Tienes que alimentarte regularmente.

Si eres como mucha gente con la que he hablado, probablemente dirías: "Sé que tienes razón, pero no sé cómo vivir así. ¿Puedes ayudarme?"

Y, por supuesto, yo estaría dispuesto a ayudarte, he aquí lo que yo prescribiría.

La vida espiritual: Cómo obtener una dieta balanceada

Primero: Haz lugar para Dios. Haz tiempo, programa y comprométete en horas específicas de la semana, en las que le pondrás atención a tu salud espiritual. Para mí es cada mañana, antes del amanecer. Tengo amigos que lo hacen en la noche, durante el almuerzo, o tres horas a la semana. No hay ninguna regla, pero si no apartas tiempo para tu alma, nada cambiará. Consideraremos esto un poco más en el siguiente capítulo.

Segundo: Hazte exámenes regulares. Tienes que ser honesto contigo mismo y determinar qué aspectos de tu vida necesitan atención especial. Por ejemplo, algunas personas no aman a Dios con su *mente*, porque están plagados de dudas que se basan en hechos. Esta gente intencionalmente debería leer libros y escuchar conferencias que tratan de sus preguntas intelectuales acerca de su fe. Tienen que alimentarse con información. Otra gente ha soportado sufrimiento crítico en su vida, y necesitan de un buen consejero para que los ayude a discernir y a interpretar su dolor. Revisa las áreas débiles de tu vida y determina qué partes de ti están clamando por atención. Todos necesitamos un poco de mantenimiento del alma cada cierto número de kilómetros.

Tercero: Decide cambiar. El segundo paso revelará toda clase de cosas acerca de ti. Algunas de estas cosas te avergonzarán. Algunas serán más fáciles de cambiar que otras. Algunas requerirán solamente de pequeños ajustes y otras requerirán de cambios drásticos. Con el tiempo, tienes que decidir cuán importante es tu vida espiritual para ti. Si en realidad es importante, entonces tienes que hacer lo que sea necesario para nutrirla, y me refiero a *lo que sea necesario*. A veces tienes que tomar medidas drásticas para permanecer espiritualmente saludable. Tómalas.

Cuarto: Aprende a escuchar a Dios. No es suficiente con solamente leer la Biblia, escuchar sermones y sumergirte en actividad espiritual. La Biblia dice que Dios a veces habla con una voz suave y tranquila. No puedo darte una fórmula para aprender a escuchar esa voz, pero mientras más crezcas en tu conocimiento de Dios, más aprenderás a reconocer su voz. Cuando la oigas, escucha. En el capítulo siguiente te ayudaré a hacer esto.

Quinto: Come bien y regularmente. Ninguna persona enferma se pone bien de la noche a la mañana. Lo mismo es cierto con tu alma. Esto requerirá de tiempo. Lo mejor que puedes hacer por ti mismo es adquirir la costumbre de digerir la verdad regularmente. Leer este libro es un gran paso. Tal vez deberías también visitar mi sitio Web (www.johnniemoore. org) para que veas algunos recursos útiles y videos que coloqué para ayudarte en tu camino hacia la salud espiritual.

Finalmente, apasiónate y emociónate con este peregrinaje. Muchas veces nos acercamos a nuestra vida espiritual con una actitud deprimida. Nunca estamos satisfechos con nuestra posición. Frecuentemente sabemos que necesitamos cambiar, y sentimos el peso y la presión de todo, pero esta clase de actitud no nos ayuda a cambiar. En realidad nos lastima. Tienes que decidir estar apasionado y emocionado con este peregrinaje.

Come, come, come

Anteriormente te confesé que soy un adicto a la comida. Cuando estoy almorzando, estoy pensando en la cena, y cuando estoy cenando, estoy pensando en el desayuno del día siguiente. Cuando llego a un restaurante, ya sé lo que voy a pedir. Sería más probable que caminara en una cuerda floja por el Gran Cañón que perderme la oportunidad de comer una de mis comidas favoritas en uno de mis lugares favoritos... ¡especialmente si el restaurante estuviera al otro extremo de esa cuerda floja!

La necesidad de comida para el Alma

A veces me pregunto cómo sería si fuera así de apasionado, así de determinado, así de energético y así de anticipativo al alimentar mi alma. Cuando estaba leyendo el libro de Lucas esta mañana, tuve una idea de esta clase de pasión y determinación. Lucas describe un momento en el que Jesús se encontró con un hombre paralítico.

La historia comienza cuando Jesús atraía a otra multitud más. La gente que sufría con toda clase de dolencias e impedimentos se había reunido a montones en y a los alrededores de una pequeña casa. Toda la escena era caótica. Estaba llena y olía a encerrado, y no había ni un centímetro cuadrado de espacio libre. La gente empujaba y se apretaba, y la entrada de la casa de alguien, que Jesús había convertido en un improvisado salón de clases de hospital, parecía un embudo.

En la multitud había un grupo de hombres que había decidido llevar a su amigo paralítico a Jesús. No sabemos nada del paralítico, excepto que no habría logrado ver a Jesús si sus amigos no lo hubieran ayudado a llegar.

Es posible que estos hombres hubieran caminado varios kilómetros para transportar a su amigo a la sala de emergencias de Jesús, pero cuando llegaron encontraron la casa imposiblemente llena. Puedo imaginar que el corazón del paralítico se detuvo. Cuando vio a la enorme multitud, se dio cuenta de que no podrían acercarse a Jesús en absoluto. ¿Cómo podría estar tan cerca de la esperanza, y al mismo tiempo tan lejos?

Precisamente entonces, a uno de sus decididos amigos se le ocurrió una idea loca. Determinó que podían subirse a la casa y dejarlo caer adentro por el techo. Era arriesgado, pero era su única opción. Un tipo tomó un lazo y otro buscó una escalera. Pronto todo el grupo había escalado la pared de la casa y tiraron y jalaron hasta que pudieron subir a su amigo al techo sobre su colchoneta.

Inmediatamente, los amigos del hombre comenzaron a quitar tejas del techo de la casa.

¿Qué pensaría la gente que estaba dentro de la casa? Las tejas caían en el suelo con columnas de polvo. Los amigos sabían que tenían que trabajar rápidamente antes de que alguien los detuviera, por lo que arrancaron las tejas con furor y las lanzaron hacia el lodo endurecido que estaba debajo de ellos. Todo el asunto era un lío loco, como el ruido de un platillo en medio de una boda.

Entonces, el primer resplandor de luz solar asomó por el techo destrozado, que revelaba un millón de pequeñas partículas de polvo. Sabían que estaban cerca. El ritmo del trabajo aumentó, así como los latidos del corazón del paralítico.

Todos los que estaban adentro de la casa estaban ya fuera, preocupados por el alboroto o enojados por la impetuosidad de estos hombres; es decir, todos menos Jesús. Él simplemente sonrió. Se deleitó con su tenacidad y admiró su determinación. Le costó contener la risa mientras veía cómo se desarrollaba toda la escena. Vio cómo la gente convencional se ponía más enojada y escuchó el ruido que los desesperados amigos del hombre hacían al desarmar el techo de la casa. Y miró cómo bajaban a su amigo paralítico por el agujero que habían hecho.

¿Deseaba Jesús que sus discípulos fueran así de dedicados a él? ¿Sabía que en el futuro no tan lejano ni siquiera se quedarían despiertos para orar con él, ni se quedarían a presenciar su juicio?

Finalmente, el hombre aterrizó en el suelo. Cayó con una nube de polvo justo en frente de Jesús, casi a sus pies. Estaba frenético y a la expectativa. ¿Lo golpearía la gente que estaba enojada en la casa? ¿Lo sanaría Jesús? Se cubrió la cabeza, con vergüenza y con temor.

Pero Jesús ya había determinado que sanaría al hombre. En unos cuantos segundos, el Creador divino y el paralítico quebrantado compartieron una transacción. Los músculos de las piernas del paralítico se retractaron y contrajeron, en tanto que el mismo poder que al principio dio vida a Adán en el Jardín del Edén latió lo largo de sus miembros atrofiados. Se paró por primera vez. Sus piernas le temblaban, pero sonreía con la clase de sonrisa que hace que te duelan las mejías. Comenzó a aplaudir, a gritar y a agradecer a Jesús, una y otra vez.

Su cuerpo no fue lo único que había sanado. Su destino había cambiado.

Esta mañana, cuando volví a leer esta historia, un pensamiento sencillo me afectó mucho: Cuando alguien se encuentra con Jesús, las cosas cambian.

Los amigos de aquel hombre pudieron haberse dado por vencidos e irse. Pero en lugar de eso, insistieron en acercarse más a Jesús. Decidieron hacer lo que fuera necesario. Creían que esa era su única esperanza, por lo que fueron determinados. Y por rehusarse a que se les rechazara, su amigo se fue transformado. Nosotros también debemos llegar al lugar en el que nos damos cuenta de que Jesús es nuestra única esperanza, entonces debemos seguir adelante hacia él, con determinación, al igual que esos hombres lo hicieron.

¿Y si llegamos a estar verdaderamente decididos a estar sanos espiritualmente, y si decidimos correr detrás de Jesús de esta manera? A la larga, tener un alma saludable depende de la determinación; determinación a digerir la verdad y a vivir de acuerdo a ella, la clase de determinación que está dispuesta a desarmar un techo si es necesario.

CÓMO ESCUCHAR LA VOZ DE DIOS
EL ALMA DISTRAÍDA

[7]

Si alguna vez alguien tuvo el potencial de ser una persona sumamente exitosa, que realiza tareas múltiples, esa persona seguramente es Jesús. Por un lado, creó el mundo. Esculpió los Himalaya, formó y dividió los continentes, imaginó y pintó los cielos, y para nuestro placer visual, nos dio diez millares de amaneceres y atardeceres para que hicieran su baile diario en el cielo.

La historia es la marioneta de Jesús. El ADN y los agujeros negros podrían haber sido meras ideas tardías. Y su libro todavía es el mayor éxito literario. Creó un mundo que es tanto masivo como delicado, y sus invenciones hicieron que las de Tomás Edison parecieran proyectos de ciencia de quinto grado.

Jesús ideó nuestro cerebro, por ejemplo. Solamente pesa tres libras, pero alberga 100 billones de conexiones, entre 100 millares de neuronas. Hace algunas semanas, vi un video en línea de un científico que hablaba sobre la evolución de la Internet. ¡Decía que la complejidad e interconectividad de la Internet de todo el mundo en 2005 fue, a grandes rasgos, equivalente a un cerebro humano!

Jesús hizo eso.

Si yo hubiera hecho el mundo y luego hubiera ido a visitar mi planeta, habría vivido mi vida como un superhéroe. Convencer a la gente que tenía que ponerme atención habría sido un trabajo difícil. No siempre sería divertido ni gratificante, por lo que probablemente en la noche tendría que esforzarme por liberar un poco de estrés. Volaría por el cielo, me bebería un galón de agua del Mar Muerto, le haría bromas a los fariseos cuando estuvieran dormidos y establecería todos los récord de todos los deportes existentes. Tendría el caballo más veloz en el hipódromo, ganaría todas las medallas de oro en las Olimpiadas y disfrutaría un pequeño partido de fútbol en el Mar de Galilea.

En otras palabras, si yo fuera Jesús, sería un fanfarrón. Sanaría a todos. Dividiría los ríos regularmente. Transformaría al Rey Herodes en burro o le pondría alas a los camellos. Y habría hecho un espectáculo de los falsos maestros que trataron de engañar a mis seguidores. Habría hecho que todos mis espectáculos fueran acontecimientos con boletos de entrada y luego usaría las ganancias para financiar mi trabajo de plantación de iglesias alrededor de Galilea.

Si yo fuera Jesús, seguramente no habría perdido mi tiempo valioso sentado entre los lirios, pensando y orando. Pero, por alguna razón, Jesús pasó mucho tiempo sentado entre los lirios y orando.

Me asombro al considerar lo que Jesús valoraba y cómo usó su tiempo. No le impresionaba la notoriedad ni la popularidad, no hacía alarde de nada y estaba más interesado en impresionar a la viuda y al huérfano que al rico y al poderoso. Evidentemente, también se escabullía. "Más él se apartaba a lugares desiertos, y oraba" (Lucas 5:16). *Siempre* lo hacía.

Este es el mismo Jesús que ideó una sola estrella, que tiene 400 millones de kilómetros de diámetro. El mismo Jesús que ideó un sol para que calentara la tierra, un sol que es lo suficientemente grande para albergar más de un millón de tierras y cuatro millones de lunas. El mismo Jesús que creó un inmensurable número de células infinitésimas, cada una con tres millardos de letras de información en su núcleo.

Ese mismo Jesús se tomó el tiempo para alejarse, descansar y orar. No tenía que hacerlo. Era Dios. Pero decidió hacerlo.

Jesús, intencional y regularmente, se detuvo para respirar, para orar y para nutrir su relación con Dios. Se desconectó de todas las influencias externas regularmente para no perder el control de su misión ni de su vida diaria.

Supongo que es lógico, entonces, que ya que no somos Dios, probablemente necesitamos hacer lo mismo. Tenemos que decidir alejarnos y pasar tiempo con Dios. De otra manera, estaremos jadeando por aire espiritual.

¿Qué tan seguido *haces* esto? Si eres como yo, probablemente tienes un tiempo increíblemente difícil para bajar el ritmo y pasar tiempo con tu Hacedor. Es difícil desconectarse de la época digital y simplemente descansar. Pero si no apartamos tiempo para descansar en la presencia de Dios, estamos enviándole un mensaje a Jesús de que pensamos que, de alguna manera, somos mejores y más fuertes que él.

Oprime el botón de pausa

Una vez oí decir a un viejo sabio: "Observa la manera en que usas tu tiempo y sabrás lo que es más importante para ti." No estaba hablando de su alma, pero creo que el consejo se aplica de igual manera. Si vas a acercarte a Jesús, si vas a alimentar tu relación con Dios y vas a tener un alma sana, si vas a vivir sinceramente de acuerdo a lo que crees, vas a tener que dedicarle tiempo y esfuerzo.

Pero si eres como yo, generalmente le pones atención particular a todo lo demás en tu vida y dejarás el mantenimiento de tu alma al tiempo y energía que te sobran. Después de todo, tienes facturas que pagar, clases que recibir, relaciones que cultivar y vida que vivir. La vida es activa y está llena de presiones y, de alguna manera, a Dios siempre se le margina.

Es posible que tomemos a Dios en serio, pero también tomamos en serio muchas cosas más. Tenemos que ponerle atención a nuestra educación y a nuestra carrera, a nuestras relaciones y a nuestra salud física. Pronto quedamos atrapados en el ritmo de la vida, y con el tiempo estamos girando nuestra atención a Dios solamente cuando estamos desesperados o cuando el vacío otra vez se hace insoportable.

Nos ocupamos, y cuando estamos demasiado ocupados, Dios nos interesa sólo cuando nos despiden, cuando nuestra relación se desmorona, o cuando no tenemos a nadie más a quien recurrir por ayuda. Sabes cómo es eso. De repente vemos que una de las tormentas de la vida se acerca y escuchamos el ruido de los truenos. Despertamos nuestra religión latente, preparamos rápidamente nuestra Biblia, le quitamos el polvo y comenzamos a orar con desesperación. En realidad, estamos tratando a Dios como nuestro último recurso, después de haber agotado todas nuestras demás opciones.

Entonces, cuando nos topamos con la crisis, volvemos a hablar con nuestro Padre y Rey solamente porque queremos o necesitamos algo. Aguantamos el hambre espiritual hasta que llegamos a estar cerca de la muerte, y cuando se nos acaban las opciones, nos atiborramos de Dios.

Por supuesto que la rutina se interrumpe cuando tropezamos con uno de los días o acontecimientos especiales, cuando es culturalmente aceptable ser demasiado religiosos, como en Navidad y Semana Santa, o cuando nos casamos o tenemos a nuestro primer hijo. En esos momentos, cuidadosamente volvemos a utilizar nuestro vocabulario cristiano y nos esforzamos por aparentar ser piadosos. Quedamos atrapados en el ritmo de la actividad espiritual, pero nuestra actividad no es el deseo de nuestra alma. Es solamente actividad.

Esta es una receta para una fe hipócrita y no auténtica. Así es como desarrollamos un alma desnutrida, distraída y deshonesta. Si en realidad vamos a tener un alma saludable, tenemos que darle tiempo y esfuerzo constante a nuestra relación con Dios. Así como Jesús, tenemos que ir a lugares tranquilos y orar, y tenemos que batallar con las distracciones que nos alejan de Dios.

Cómo combatir la era de la información

Desafortunadamente, se está poniendo difícil encontrar lugares tranquilos. A veces me siento como que estuviera viviendo en una lata gigante, llena de bocinas unidas a reproductores iPod, que tocan docenas de distintos estilos de música, simultáneamente y a todo volumen. Este mundo está lleno de toda clase de ruido indiscernible.

La gente llama a esto la era de información, y me parece un buen nombre para eso. La información está girando a nuestro alrededor. Gira dentro y fuera de nuestros oídos y mentes, a través de nuestros teléfonos celulares, en nuestras computadoras y en nuestros iPod. Este es un mundo lleno de ruido ambiental. Cada momento soportamos un asalto de información de 360 grados. Sí, yo me siento *atacado* por el ruido y la información. Me quitan mi capacidad de contemplar las cosas importantes, y a veces apenas puedo mantener un simple hilo de pensamiento.

El otro día llegué a darme cuenta totalmente de cómo funciona esto. A eso de las diez de la mañana, el día ya se sentía largo. Tenía una lista imposible de cosas pendientes y mi tanque de tiempo tenía una fuga. Peor aún, cada tarea de mi lista era urgente. Todas se habían vencido ayer y había estado en mi oficina corriendo en el mismo lugar durante varios días, lo cual hacía que cualquier progreso fuera difícil.

Literalmente, por días. Todo estaba sin terminar y atrasado, pero ese no era el problema. No estaba progresando a pesar de estar ocupado y de todo mi trabajo. Para empeorar las cosas, mi oficina estaba llena de la cacofonía de alarmas, recordatorios del trabajo pendiente y llamadas de teléfono en las que preguntaban por proyectos terminados, y correos electrónicos sin responder de gente buena que se preguntaba cuál era mi problema.

Yo era un enorme caos, y me estaba ahogando. Entonces hice una pausa, incluso en medio de todo el ruido. No tenía tiempo que perder con una pausa, pero se me estaban acabando las opciones. Sentía como que estuviera sosteniendo una bomba de tiempo, y sentía que el corazón se me salía del pecho mientras oía el tic-tac.

Sabía que necesitaba unos cuantos minutos de rehabilitación antes de que esta bomba explotara. Por lo que hice todo a un lado y me quedé tranquilo. Comencé a pensar en la manera en que había estado administrando mi tiempo, lo que tenía como prioridad y cómo había trabajado con los asuntos urgentes. Me pregunté qué era importante, qué era lo *más* importante, y por qué las cosas más importantes no estaban recibiendo más de mi atención.

Entonces diagnostiqué un problema sorprendentemente sencillo que casi estaba paralizando mi productividad. Todos los días, mientras trabajaba, mantenía abierto mi buzón de correos en la pantalla de mi computadora. Cada mensaje nuevo, zumbido de mi Blackberry o timbre de mi Mac, eran otra distracción que llamaba a la puerta de mi mente. Avanzaba un paso en un proyecto, únicamente para retroceder dos pasos al ofrecer una respuesta "rápida" a un mensaje nuevo.

Mis respuestas "rápidas" se habían convertido en bombas que explotaban mi hilo de pensamiento en cualquier cosa que estuviera trabajando. Mi buzón de correo estaba tratando de matarme, ¡y yo lo estaba permitiendo! Estaba dejando que mi asesino en serie personal se saliera con la suya. ¿Cómo entonces podía terminar alguna tarea difícil, con todos estos sonidos y golpes en la puerta de mi mente cada pocos minutos? ¡Estaba como un chico que se esfuerza por hacer su tarea, con un grupo de rock a todo volumen de fondo!

Estoy convencido de que tener una relación constante con Dios es mucho más difícil en la era de la información que antes. Vivir honestamente, vivir de acuerdo a lo que se cree, es difícil en un ambiente que siempre está zumbando, parpadeando y timbrando con tecnología. Y casi nos han diagnosticado con alguna clase de Trastorno por déficit de atención, por lo que nos hemos convencido de que somos incapaces de ganar nuestra guerra con la distracción.

Tomé uno de esos exámenes de TDAH en línea. Me fue excelente. Saqué una puntuación sobresaliente. Fue una de las puntuaciones más altas que alguna vez hubiera obtenido. Estaba un poco orgulloso de mí mismo. Pero no creo que mi puntuación alta fuera el resultado de un desorden genético. Más bien, nuestra cultura casi me ha hundido en una catarata perpetua de información, por lo que pensar con claridad por más de 35 segundos es cada vez más difícil.

De hecho, a veces siento como si correr una triatlón sería más fácil que estar un poco más tranquilo. Nutrir mi alma simplemente es muy difícil en la era de la información, como nadar estilo espalda en el lodo y estoy convencido de que uno de los retos más grandes para mi fe es resolver cómo manejar las distracciones.

Los gurús de autoayuda tienen razón cuando nos dicen que no podemos hacer nada bien si lo estamos haciendo todo. A veces tenemos que oprimir el botón de pausa en las cosas menos importantes para poder hacer lo que es más importante. No presionamos ese botón muy frecuentemente, porque se nos ha entrenado a amar nuestra natación diaria por la cloaca de la información.

De hecho, verdaderamente creo que somos adictos a ella. Es posible que creamos que somos superhéroes digitales, que podemos hacer malabarismos con diez mil tareas y aun tener la energía suficiente para vivir bien la vida. ¡Pero no lo somos! O si lo somos, somos malos superhéroes al dejar que la vida se nos pase enfrente con el clic y el pitido de objetos inanimados.

Cómo meter el cómo entre debería hacerlo y lo haré

Jesús dio el ejemplo de un descanso concentrado y de oración. También nos dio buenos consejos para seguirlos, y aquel consejo de hace 2000 años es especialmente útil en la era de la información. Al igual que la mayoría de las enseñanzas de Jesús, es muy fácil de entender. Dijo: "Mas tú, cuando ores, entra en tu aposento, y cerrada la puerta, ora a tu Padre" (Mateo 6:6).

Cuando leí por primera vez este pequeño versículo poderoso, observé dos cosas. Primero, Jesús dice: "Cuando ores." ¿Puedes ver lo que yo veo? No dice: "*Si* oras." No. Dice: "Cuando ores." Está asumiendo que si eres serio en cuanto a tu vida espiritual, eres una persona de oración. Solamente dejemos esto bien claro. La gente que sigue a Jesús, la gente que alimenta su alma, es gente que corta las distracciones y dedica tiempo y energía a la oración. No se trata de *si*, se trata de *cuando*. Así que creo que la primera decisión que tenemos que tomar es cuándo vamos a orar.

La segunda frase también me dejó perplejo. "Entra en tu aposento, y cerrada la puerta." Realmente tampoco es difícil. Jesús dice que tienes que cerrar la puerta. Solamente ciérrale la puerta al mundo. Ahora probablemente se referiría a cerrarle la puerta a los mensajes de texto, a los correos electrónicos, a las llamadas telefónicas, a las tareas múltiples y a nuestras otras 50 clases de distracciones.

Esto tiene perfecto sentido porque la oración es sagrada, y poner todo lo demás en espera por unos cuantos minutos es lo suficientemente importante. Después de todo, si tuvieras una reunión privada con el presidente de los Estados Unidos, ¿lo dejarías esperando mientras respondes un mensaje de texto? ¡Claro que no! Deberíamos tener la misma solemnidad en nuestras reuniones con Dios.

Algunos rabinos antiguos usaron algunas afirmaciones extremas para enseñar a sus alumnos acerca del carácter sagrado y de la importancia de la oración. "Aunque un rey fuera a saludarte, o si una serpiente se enrollara en tus pies, ¡nunca dejes de orar!"[1] Ahora esos rabinos dirían: "Aunque suene tu teléfono celular dos veces, aunque recibas doce mensajes de texto, cinco solicitudes de amigos de Facebook y cuarenta y cuatro correos electrónicos, ¡no dejes de orar!"

He aquí un consejo de Jesús de hace 2000 años: Tienes que cerrar la puerta y mantenerla cerrada. Quédate allí. Estudia, piensa, ora. ¡Nada de multitareas! Las multitareas son como el virus del Ébola para tu alma. Si quieres conocer quién es Dios, comienza por oprimir el botón de pausa en tu vida. Tienes que hacer una pausa en todo lo demás y tienes que comunicarte con Dios; a solas. Habla con él a través de la oración, mientras él se comunica contigo a través de la Biblia, por medio del Espíritu Santo, por medio de tus circunstancias y por medio de otros creyentes.

Y además de presionar el botón de pausa, también tienes que desarrollar alguna clase de plan de crecimiento, para que sepas qué hacer cuando hagas una pausa.

Es como ir al gimnasio

El apóstol Pablo dijo a los miembros de su iglesia favorita: "Ocupaos en vuestra salvación con temor y temblor." Conozco algunas personas que comenzaron a hacer ejercicio. Después de algún tiempo, los músculos comenzaron a salir de la nada, la gordura comenzó a desaparecer y la energía y la adrenalina comenzaron a circular por sus venas. La gente que hace ejercicio inevitablemente se pone más fuerte, más delgada y tiene más energía.

Y mientras más ejercicio haces, más fuerte te pones. El cambio no es visible inmediatamente, pero está ocurriendo. No te transformas de un sabelotodo científico a un Mister Mundo de la noche a la Mañana. Se requiere de tiempo.

También se requiere de constancia.

Pero después de un poco de tiempo y constancia, la gente comienza a observar la diferencia. Te topas con chicos o chicas que te rechazaron en la secundaria y balbucean y tartamudean cuando ven al nuevo tú, y preguntan: "¿Qué te paso?"

"Pues, he estado haciendo ejercicio."

"¡Vaya! Pues, tal vez podríamos tomar café juntos algún día."

Recuerdas cuando te rechazaban y sabes que este es tu momento de venganza. Entonces respondes: "Bueno... Estoy un poco ocupado." Luego te das la vuelta y te alejas con una pequeña sonrisa orgullosa en tu cara, porque la venganza es tan dulce. No es al estilo de Jesús, ¡pero es dulce!

Un ejercicio efectivo también requiere del régimen adecuado. Eliges las máquinas y pesas adecuadas, y haces la cantidad correcta de repeticiones en los días adecuados. Mientras más haces, te pones más fuerte. No cambias automáticamente; llegas a tu meta con una repetición a la vez. De manera similar, te pones espiritualmente fuerte con un paso a la vez, un día a la vez y una oración a la vez.

La gente cree que llegará a ser espiritualmente madura por alguna acción de Dios, como si no tuviera que hacer ningún trabajo. Lo siento. Nada funciona de esta manera. Los atletas no llegan a ser fuertes sin trabajo, los hombres de negocios no llegan a tener éxito sin trabajo y un político no llega a ser presidente si no hace una buena campaña. Hasta las celebridades melodramáticas están constantemente subiendo y bajando de peso, y aprendiendo cientos de guiones antes de sus películas.

¿Por qué pensamos que Dios simplemente va a rociar agua santa mágica sobre nosotros para ponernos espiritualmente saludables? Él no diseñó el universo de esta manera. El universo es un lugar de causa y efecto, y mayormente obtenemos de las cosas lo que les ponemos. Dios está obrando para ayudarte a crecer espiritualmente, pero la misma regla generalmente se aplica. A veces obtienes de tu vida espiritual lo que tú le pones.

Un plan de ejercicios

Ahora bien, yo no voy frecuentemente a un gimnasio. Lo sabrías si me vieras. Soy pequeño. No tengo *nada* de músculos. Normalmente voy a un gimnasio de verdad después del Día de Gracias, o cuando he comido mucho pollo frito.

Entonces, ¿sabes cuál es mi verdadero problema cuando voy a un gimnasio de verdad? No tengo idea de qué hacer. Las máquinas me parecen artefactos de tortura medievales. No sé cómo usarlas ni para qué son, y la clientela del gimnasio me asusta muchísimo. Algunas personas de nuestro gimnasio local tienen antebrazos del tamaño de mis muslos. Hacer flexiones con una pesa de ocho libras, a la par de algún Cíclope que gruñe y que levanta su auto cada martes puede ser un poco intimidante.

Imagino que a veces la gente se siente de esta manera en cuanto a su fe. Primero, es un poco intimidante ser un creyente principiante, especialmente si debía haber estado fortaleciéndose hace mucho tiempo. Pero este reto de intimidación es solamente una ilusión. Toda la gente lucha y se esfuerza en el gimnasio, ya sea que levante 8 libras u 800, y todos los cristianos a veces batallan para llegar a estar más fuertes. No debes sentirte intimidado cuando entres al gimnasio espiritual. En lugar de eso, puedes sentirte orgulloso por decidir hacer algo bueno para ti.

En cuanto a entender qué hacer una vez estés allí, puedo ayudarte en eso. Puedes considerarme tu entrenador espiritual personal y estos cinco pasos son tu plan de ejercicios. Este es tu régimen. Hazlo cuando presiones el botón de pausa.

Ora. Primero, detente y órale a Dios. No tienes que preocuparte por utilizar un lenguaje elegante. De hecho, yo no lo hago. Solamente habla con Dios de la manera en que hablarías con otro. Comienza agradeciéndole por las cosas buenas de tu vida y alabándolo por las cosas buenas que ha hecho, y luego preséntale algunas peticiones que tengas. Finalmente, termina pidiéndole que te hable a medida que estudias su Palabra.

Lee. Digiere un versículo o capítulo de la Biblia cada vez que te apartes para orar. No hay regla. Solamente lee algo. Tal vez lee el capítulo de Proverbios que corresponde con el día del mes (Proverbios tiene 31 capítulos), un par de versículos en uno de los Evangelios, o un salmo. Esto se trata de calidad más que de cantidad, así que leer la mitad de un versículo cuidadosamente es mejor que esforzarse por leer cuatro capítulos atolondradamente.

Piensa. Después de leer, haz una pausa y piensa en lo que leíste. Tal vez puedes hacerte algunas preguntas, o buscar en línea lo que no entiendes. (Cuando lo hagas, ¡no abras tu correo electrónico!) Es desesperadamente importante que te detengas para pensar, para meditar y para contemplar lo que estás leyendo, o nunca lo entenderás.

Escribe. Este paso te ayuda a pensar mejor. Busca un pequeño diario y haz unas cuantas notas acerca de lo que leíste. Escribe las cosas que te parecieron interesantes, las preguntas que podrías tener o las lecciones que aprendiste. Al escribir algo comprendes lo que está pasando en tu mente. No estoy hablando de llevar un diario; más bien, traslada la verdad de tu cabeza a tus manos. No tiene que ser organizado, gramaticalmente correcto ni minucioso. Sólo escribe o garabatea algo.

Haz. Finalmente, y aun más importante, pregúntate si hay alguna manera en la que puedes llevar a cabo lo que leíste. Pregúntate cómo se aplica esta verdad a tu vida o a la vida de otros. Este es el paso en el que comienzas a vivir de manera distinta. Si nunca aplicas este paso, nunca cambiarás, y nunca llegarás a estar más sano espiritualmente. Y nunca vivirás de acuerdo a lo que crees.

Yo no apuesto porque no soy un tipo con mucha suerte, pero estaría dispuesto a apostar a que si presionas el botón de pausa y aplicas estos cinco pasos por unos cuantos minutos, un par de veces esta semana, comenzarás a observar un cambio positivo en tu vida.

Hay dos imágenes que quizás tengas en tu cabeza mientras abordas esta nueva disciplina. La primera es de gente que se dirige a su ejercicio con la cabeza inclinada de vergüenza y pena porque ha descuidado su salud y no sabe qué hacer. La segunda imagen es de gente que entra al edificio con la cabeza en alto, acompañada de la ovación de pie de una multitud que la anima.

La segunda imagen es la correcta para ti.

Por un minuto imagina que eres un jugador profesional de fútbol, que corre por la anotación ganadora, mientras miles de seguidores gritan sus ovaciones más fuertes. ¿Puedes oír el ruido? ¿Puedes sentir el estruendo del estadio? ¿No sientes como que sus voces te estuvieran empujando hacia delante? Esa es la imagen que te animo a tener. Es posible que no creas que puedas llegar a la zona de anotación, pero yo sé que sí puedes. He visto a muchos principiantes hacer *grandes* jugadas.

Los cristianos de generaciones anteriores creen que tú puedes. Y Jesús pondrá el viento detrás de tu espalda.

El primer paso hacia la zona de anotación ocurre en el salón de entrenamiento. Es un paso fuera del ruido y en tranquilidad. ¿Por qué no hacerlo ahora?

Y después, *¡corre!*

CÓMO RENDIRSE A LA VOLUNTAD DE DIOS
EL ALMA REBELDE

[8]

Muy bien. Ahora estás en el gimnasio. Tenemos un plan de ejercicios y sabemos a dónde vamos: Queremos vivir vidas de fe honestas, auténticas y comprometidas. Queremos vivir de acuerdo a lo que creemos.

En el capítulo anterior sugerí que oraras, leyeras, pensaras, escribieras e hicieras. Pero hay un problema. Muchas veces nunca llegamos al hacer, y es en el hacer de nuestra fe que las cosas comienzan a cambiar. Solamente cuando *hacemos* lo que sabemos que tenemos que hacer es que comenzamos a vivir honestamente lo que decimos que creemos. Es lo suficientemente simple, ¿verdad? Es teología de preprimaria. Hacer lo que Dios te dice que hagas. No es suficiente con solamente creer. Los que no viven de acuerdo a lo que creen son hipócritas. A ninguno de nosotros nos gustan los hipócritas.

El hacer es el agua que el jardinero cuidadoso rocía a las plantas que están floreciendo. Es la sal que se le agrega a la comida insípida. Es la remodelación de una casa vieja. Es la diferencia entre ser creyente hipócrita y genuino. Es cuando se concibe la fe.

Y es un asunto de vida o muerte espiritual. Toda la pasión y actividad espiritual que podamos reunir será totalmente inútil, si nunca decidimos someternos a esa verdad y de veras practicarla en nuestra vida diaria. Si la verdad nunca logra llegar a nuestras manos y pies, nuestras bocas y mentes, somos como una persona que tiene dibujos arquitectónicos de una casa de ensueño, y el dinero para construirla, pero en realidad nunca construye la casa.

Y hay un reto fantástico que está esperándote cuando comienzas a actuar.

Hacer lo que Dios dice frecuentemente requiere de una batalla de voluntades. Tu voluntad, a la larga, tiene que estar subordinada a la suya durante toda tu vida. Una vida espiritual saludable requiere de más que tiempo diario con Dios. También requiere de sometimiento diario de nuestra voluntad a él, al vivir de acuerdo a nuestra fe.

Cómo someter nuestro individualismo a Dios

Para mí, esto es una lucha diaria. A veces simplemente es muy difícil someter mi voluntad a Dios y hacer lo que él dice que es mejor, en lugar de lo que yo creo que es mejor. Esto es especialmente difícil para mí por mi personalidad. Siempre he tenido una actitud tipo A en cuanto a la vida. Ahora mismo, por ejemplo, voy de camino a México para unos días de vacaciones con mi esposa. Ella está dormida a mi lado izquierdo. No es la única. Casi todos en el avión están dormidos.

Yo estoy despierto. Como es usual, he decidido aprovechar de un poco de tiempo extra para ponerme al día con un poco de trabajo, en lugar de tomar una pequeña siesta. ¿Por qué? Porque soy una clase de persona tipo A. Siempre ha sido así.

A veces ser tipo A es una bendición. A veces es una maldición. A veces es divertido. Un día, cuando tenía nueve años, mi papá me llevó a trabajar con él. Por supuesto, no estaba contento con estar solamente sentado en una silla y jugar juegos de video al lado de mi papá todo el día. No, yo quería un poco de acción, y como papá era un gerente, sabía que nadie podía hacer nada al respecto. Así que decidí que era mi turno para ser el jefe.

Llegué al trabajo vestido con traje y corbata, y todo el día caminé por la oficina como si fuera el jefe. Desfilé desde un extremo de la distribuidora de autos al otro, "supervisando" las cosas. Tenía mi cabeza en alto y los hombros hacia atrás, y si veía a un cliente que nadie había observado, buscaba a alguno de los empleados de mi papá en su descanso de café y lo obligaba a que se le pegara al comprador desprevenido. Tomé muy en serio mi responsabilidad. Una vez llevé a uno de los empleados de papá a un cliente, mientras tanto lo regañaba por no poner atención. Fui condescendiente con él, como si yo hubiera sido un ejecutivo de 50 años de edad. "No debería tener que hacer esto por ti. Este es *tu* trabajo, ¡no el mío!"

Los empleados de papá me odiaban. Se referían a mí como el Nazi y como Atila el huno, y otros apodos que un buen niño cristiano no debería incluir en un libro como este. A veces la gente cree que es lindo cuando el adorable hijo del jefe llega a trabajar con él. Estos tipos no. Me tenían miedo como a la plaga. Habrían preferido que papá llevara un oso pardo hambriento a la oficina y no al pequeño Johnnie.

[Cómo rendirse a la voluntad de Dios] 87

Siempre ha sido así. En el sexto grado determiné que necesitábamos un periódico escolar. Así que, naturalmente, yo inicié uno. Persuadí a mi maestro, al director y a los demás maestros para que me dejaran crear el periódico. Estaban preocupados por el tiempo y los recursos que consumiría. Les dije: "No se preocupen; yo me encargaré de eso." Y, de alguna manera, sí me encargué de eso. Inmediatamente me puse a trabajar para reclutar a los escritores y para organizar las distintas partes del periódico. En un par de meses habíamos producido la edición inaugural y habíamos vendido suficientes copias para financiar un mes de viajes de campo al final del semestre. Y como si no hubiera estado lo suficientemente ocupado creando, editando, componiendo tipográficamente, diseñando y publicando el periódico, decidí que también me gustaría escribir una columna secreta de consejos. Así que lo hice. Escribí bajo el alias de *Motormouth* (bocamotor), y cuando nadie me enviaba preguntas, creaba las mías. ¡Escribía con todo mi corazón y repartía todo el consejo que un chico del sexto grado podía emitir!

Casi desde la niñez he sido una clase de persona agresiva, impetuosa y que le gusta terminar las cosas. Quiero ser el jefe, quiero hacer las reglas y quiero ser el dueño de mi propio destino. No me gusta someterme al control y autoridad de otros. Me gusta ser una persona independiente, libre, pensadora y que no tiene que rendir cuentas a nadie. Me inclino a hacer lo que es mejor para mí en todas las circunstancias, y siento que tengo el derecho de hacerlo.

Si eres estadounidense, probablemente tienes un poco de esto en tu personalidad. La mayoría de los estadounidenses somos ferozmente individualistas e independientes. Se nos enseña desde el nacimiento que cuidemos de nuestra propia espalda y que logremos nuestros propios sueños. Se nos dice que podemos hacer cualquier cosa si nos lo proponemos. No somos una sociedad colectivista, unida por nuestras comunidades. Estamos afianzados en nuestro propio individualismo. Frecuentemente decimos que se hace de nuestra manera o de ninguna manera.

De hecho, los estadounidenses casi adoran su individualismo y su libertad. Sentimos que tenemos derecho a nuestros derechos. Ni siquiera podemos pedir comida de un menú regular; tenemos que adaptarlo a nuestro propio gusto, y sentimos que tenemos el derecho de tenerlo a nuestro modo.

El problema es que si vamos a vivir una vida agradable a Dios, no podemos tenerlo todo a nuestra manera. El primerísimo efecto de vivir de acuerdo a nuestra fe es que comenzamos a poner a Dios en el trono de nuestra vida, y nosotros tomamos un lugar inferior. Tenemos que dejar que él esté a cargo, de otra manera, estamos asumiendo su posición como Señor de nuestra vida.

No más ídolos

Todo este individualismo circula muy profundamente y es generalizado. Y también es muy difícil distinguirlo de la idolatría.

A la idolatría a veces se le llama la raíz de todo el pecado, por una buena razón. Es esencialmente hacer la guerra en contra de Dios. Los idólatras tienen otras cosas, personas preferencias o hasta ellos mismos como prioridad, por encima de Dios. Cuando lo hacemos, más valdría que construyéramos nuestro propio becerro de oro y que comencemos a vagar en el desierto, como lo hicieron los hijos de Israel. Eso es lo que la idolatría nos hace. Nos hace aterrizar en un páramo, donde morimos lentamente de deshidratación espiritual. Peor aún, es totalmente innecesario; el agua viva que necesitamos para la vida siempre está disponible para nosotros.

El problema con la idolatría es que los adoradores de ídolos se conforman con un sustituto barato de lo genuino. Eso es lo que frustraba a los profetas del Antiguo Testamento más que cualquier otra cosa. Cuando lees sus discursos en contra de la adoración de estatuas, percibes que están totalmente exasperados, en efecto, dicen: "¡Por qué no vas a hablarle a tu ídolo!"

¿Puedes oír el sarcasmo? El profeta está diciendo: "El ídolo tiene boca, pero no puede oír. Tiene ojos, pero no puede ver. Lo adoras, pero lo hiciste con tus propias manos. ¡Eso no tiene nada de sentido!"

La mayoría de nosotros no nos estamos inclinando a estatuas pequeñas. Nuestros ídolos son más siniestros. Usualmente son intangibles, casi invisibles, pero igual de destructivos. Nuestros ídolos probablemente son más peligrosos que las reliquias hechas a mano, y son igual de incapaces de satisfacer nuestra necesidad desesperada de Dios.

Esto es especialmente cierto cuando nos convertimos en ídolos. Cada vez que dejamos que nuestra voluntad triunfe ante la voluntad de Dios, nos estamos nominando los dioses de nuestra vida. Finalmente recordaremos que somos totalmente incapaces de suplir nuestras propias necesidades, de arreglar nuestros propios problemas y de encontrarle sentido final a nuestras vidas. Este entendimiento podría llegar después de una época de luchar por dinero o relaciones, notoriedad o popularidad, celebridad o éxito. Al final, si logramos fama y fortuna, también nos daremos cuenta de que esos intereses son insuficientes para tranquilizar los anhelos que tenemos por dentro. Cualquier ídolo es un sustituto insuficiente de un Dios omnipotente y amoroso que habla, que escucha y que está activo en el mundo y en el universo.

Nuestros ídolos son aquellas cosas que valoramos más que a Dios y revelan nuestra relación con la verdad. Son cosas que consideramos que no podemos vivir sin ellas. Entre ellas están creencias que se oponen a las creencias establecidas por Dios. No necesariamente son malas; simplemente están mal colocadas.

Detente. Para por un segundo. Hazte esta pregunta: ¿Valoras algo más que a Dios? ¿Incluso a ti mismo?

La idolatría es una bomba nuclear para tu vida espiritual, porque derrumba primero lo principal. Cuando idolatramos algo por encima de Dios, no podemos pasar del primer mandamiento de Moisés: "No tendrás dioses ajenos delante de mí."'No importa lo mucho que nos esforcemos por vernos bien y por vivir de una manera que nos haga parecer cristianos, estaremos atascados en el principio. Estamos siguiendo nuestra propia verdad y no la de Dios. Si no me encargo de mi idolatría, toda mi actividad religiosa, tal com leer mi Biblia, asistir a la iglesia y tratar de hacer lo correcto, no logrará mucho. Soy como un niño que trata de hacer trigonometría antes de dominar la aritmética.

Tengo que identificar regularmente esas cosas en mi vida que trastornan la influencia de Dios, y tengo que vencerlas intencionalmente con la intensidad de un soldado que está refrenando insurgentes. Tengo que decidir que solamente Dios permanecerá en el trono de mi vida. Cuando busco a Dios, reconozco que estoy llegando a la fuente de la verdad. Lo que es cierto *para mí* no es lo que importa; él *es* la verdad y tengo que admitir que su camino, en realidad, es el mejor camino.

La mentira que lleva a la rebelión

Una de las primeras mentiras del enemigo en el huerto sigue siendo su mayor mentira: "Dios está escondiendo algo de ustedes." Este pensamiento nos hace creer que algún placer o alegría tremenda está escondido al otro lado de una prohibición. Nos referimos a esta experiencia humana compartida como "comer la fruta prohibida". La vieja mentira es parte del plan clandestino del enemigo, de convencernos a destronar otra vez a Dios y a intercambiar nuestra versión de la verdad por su verdad, nuestra voluntad por su voluntad.

La serpiente en el Huerto del Edén convenció a Adán y a Eva para que comieran del fruto del árbol del conocimiento del bien y del mal, diciéndoles que de alguna manera los haría ser como Dios. Los convenció de que Dios estaba escondiendo de ellos algo agradable y de que ellos podrían ser los dueños de su propio destino. El engañador estaba tratando de representar a Dios como un mentiroso. Dios les había advertido a Adán y a Eva en cuanto a las consecuencias de despertar el pecado en el mundo.

Cuando Adán y Eva decidieron comer del fruto prohibido, escogieron su voluntad y no la de Dios, su deseo en lugar del de Dios y el camino a la muerte en lugar de la vida. El mundo todavía está bamboleando por las consecuencias de esa sola decisión.

Tomamos decisiones similares ahora, y ellas siempre llevan a una clase de muerte. El enemigo no tiene ideas nuevas. Se ha empeñado en la misma táctica depravada desde el inicio de la historia humana. Trata de hacernos pensar que los caminos de Dios no son los mejores, y nos dice que hay más en la vida que lo que Dios quiere que nos demos cuenta.

Su táctica hace que nuestro individualismo pierda el control y de repente nos encontramos alejándonos de la voz de Dios. Al final, idolatramos algo que con el tiempo nos matará si se lo permitimos.

Una lucha diaria

Jesús dijo que amáramos a Dios con todo nuestro corazón. Usó la palabra *corazón* para referirse a nuestra voluntad. Con nuestra voluntad decidimos lo que creeremos y cómo viviremos. Podemos preguntarnos: ¿Cómo es que Dios quiere que tome esta decisión? ¿Qué es lo que Dios quiere que haga hoy con mi vida, con mi dinero, con mi relación, con mi tiempo? ¿Es lo que estoy haciendo agradable a Dios?

Jesús sabía que esta sería una batalla diaria para nosotros, por lo que nos dijo que oráramos regularmente: "Venga tu reino. Hágase tu voluntad." ¿Por qué incluyó esto en su oración? Jesús sabía eso desde el principio, el hombre ha tenido la tendencia de dejar que su propia voluntad triunfe sobre la voluntad de Dios. Por lo que nos aconsejó que le pidiéramos a Dios que nos ayudara a adoptar su voluntad y su reino, a someternos al deseo de Dios y no al nuestro, todos los días. Sabía que tendríamos que luchar todos los días para evitar trepar al trono de Dios otra vez, porque la misma voz de la serpiente nos estimula a ignorar a Dios, y a comer el fruto prohibido, a creer sus mentiras.

Cuando Jesús enseñó esto, sabía de nuestra propensión a poner nuestra voluntad primero y no la de Dios, y también sabía las consecuencias de rebelarse en contra de Dios, de su voluntad y de su verdad. En Juan 10:10 Jesús dijo: "El ladrón no viene sino para hurtar y matar y destruir; yo he venido para que tengan vida, y para que la tengan en abundancia." Según Jesús, podemos someternos a la verdad de Dios, que lleva a la vida, o podemos seguir las mentiras del engañador, que llevan al robo, a la muerte y a la destrucción.

Es una batalla diaria, y es un asunto de vida o muerte.

Así que, para protegernos de las mentiras destructivas del enemigo, tenemos que apreciar que Dios es la fuente de la auténtica verdad, tenemos que dedicarnos a su verdad, y tenemos que volvernos de los ídolos en nuestras vidas, que se exaltarán y nos alejarán de Dios y su verdad. De otra manera, estamos eligiendo vivir en un desierto espiritual, en lugar de un oasis que está rebosando del agua viva de Dios.

[PARTE 3]

[DE UN ALMA SALUDABLE A LA PERSEVERANCIA]

La fe dice: "Confío en Dios a pesar de lo que está sucediendo. Seguiré adelante; no seré un amigo de Dios sólo en las buenas, débil e indiferente. Confiaré en Dios cuando sea difícil. Perseveraré cuando la vida sea difícil, cuando fracase y cuando no tenga ganas de perseverar.

Creo en Dios y he aceptado su verdad; sé que él protegerá mi vida. Así que decidiré confiar en él en cada paso del camino.

SOMOS GENTE QUE "SE VUELVE A LEVANTAR"
QUÉ HACER CUANDO FRACASAS

[9]

Mi esposa y yo invitamos a algunos amigos estadounidenses y brasileños a nuestra casa para ver el juego inicial de los Estados Unidos en la Copa Mundial. Trabajamos todo el día para tener la casa lista y preparamos un bufé de comida ligera. Incluso, decidí preparar mi primera hornada de galletas de trocitos de chocolate.

Luego todo se echó a perder. Una enorme tormenta se veía venir en el horizonte. Las nubes se acercaban amenazadoramente mientras veíamos por la ventana, y en unos minutos el viento y la lluvia comenzaron a golpear nuestra casa. Las gotas de lluvia golpeaban el suelo y un viento fuerte convirtió el tranquilo exterior en un caos meteorológico puro. El huracán en miniatura llegó de la nada e hizo un lío de nuestra tarde. Yo esperaba que en cualquier momento un auto llegara volando por nuestra ventana.

Vimos cómo una maceta cayó al suelo con una ráfaga de viento. Las luces parpadeaban. Y entonces el cable se fue. Todo esto justo al tiempo en que me di cuenta de que las galletas todavía estaban en el horno.

Teníamos invitados que llegarían en cualquier momento a ver un partido de fútbol muy importante, pero no teníamos televisión; teníamos una maceta rota en nuestro porche de enfrente y un azafate lleno de galletas de trozos de chocolate quemadas. Me comí como cinco galletas quemadas, una tras otra (tratando de demostrarme a mí mismo que en realidad eran comibles).

Tratamos de fingir sonrisas corteses en nuestra cara cuando vimos a nuestros amigos entrar con sus zapatos húmedos a una sala recién limpiada.

Fue un desastre. Me senté exasperado y me pregunté: "¿Está Dios metiéndose con nosotros?"
No, simplemente era un mal día. Todos tenemos días malos.

El cristianismo no es un tratado de paz con la vida

Corrijamos una equivocación común. Decidir llevar adelante una relación saludable con Dios, vivir honestamente, vivir de acuerdo a lo que crees, no es una forma de sobornar a Dios para que haga que tu vida sea más fácil. Todavía podrías tener días malos. Ya sea que seas el cristiano más maravilloso del mundo o el enemigo más ardiente de Dios, las cosas a veces serán difíciles. Dios nos enseña en las Escrituras que el dolor y los problemas en la vida son el producto de la caída del hombre. Es el resultado final de que el pecado quedara suelto en el mundo, y simplemente es el dominio natural de la vida en la tierra. Dios no está sentado con un juego de diales cósmicos, determinando a quién va a acosar hoy. Más bien, el pecado es como un toro bravo que corre por la tienda de porcelana de tu serenidad y deja las cosas hechas un lío cada vez que puede.

Decidir buscar una relación más profunda con Dios no te protegerá de las épocas dolorosas y difíciles de la vida. Pero Dios te ayudará a interpretar esas dificultades de manera adecuada, te dará la determinación para que logres seguir adelante cuando las cosas se pongan difíciles, y te facultará para que venzas, para que seas más que un conquistador.[1] Aun así, todos tienen dificultades en la vida. Es inútil tratar de evitar tus encuentros inevitables con los problemas de la vida. Estarás mucho mejor aprendiendo a tratar con ellos. Hasta los mejores cristianos a veces serán golpeados por la vida. Ya sea que nos golpeen las cosas que están fuera de nuestro control, o que terminemos boca abajo en los escombros de nuestra propia elaboración, la pregunta no es *si* las cosas se pondrán mal para nosotros sino *cuándo*.

Cuándo, no si

Si no me crees, sólo mira a un par de personas a los ojos y pregúntales: "¿Cómo están, de verdad?" Esa simple pregunta puede ocasionarte muchos problemas. Podrías abrir una caja de Pandora llena de chatarra. La gente podría verse ordenada por fuera, pero por dentro sus vidas podrían parecerse al camión de los Beverly Ricos, con toda una casa llena de bagaje.

Podrías verte asaltado con una descripción muy real de cada dolor posible y pena imaginable. Podrías enterarte del accidente del Tío Guillermo, o del hermano del mejor amigo de un tipo, cuya novia lo acaba de dejar, o de la "condición" de la Tía Estela. A medida que la gente se queja una y otra vez, podrías comenzar a lamentar tu interés en preguntar. Estarías

[Somos gente que "se vuelve a levantar"]

evadiendo la lluvia radioactiva de una pregunta bien intencionada, porque esta gente percibe su vaso como medio vacío. Todo siempre está mal, y cada reto nuevo solamente es un capítulo más de la historia de cómo Dios los está fastidiando. Creen que otra mala noticia está al acecho debajo de cada piedra. Cada problema, grande o pequeño, lleva a otra crisis.

La verdad es que, a veces, las cosas se ponen difíciles para todos, y esa es exactamente la razón por la que no podemos exagerar nuestros problemas pequeños. Con el tiempo tendremos problemas grandes. Todos lloraremos nuestra dosis de lágrimas después de que las noticias de la media noche remuevan nuestros mundos pacíficos. Todos tendremos nuestros retos financieros y nuestras luchas relacionales, y a todos nosotros, en algún momento, se nos acabarán nuestras opciones.

Fracasaremos. Tropezaremos.

Incluso como cristianos bien intencionados, a veces responderemos a estos problemas de maneras que solamente empeoran las cosas. Nos decepcionaremos a nosotros mismos y a los demás, porque somos gente profundamente defectuosa y podemos demostrarlo con nuestras decisiones.

Por lo tanto, ya que la vida está llena de sorpresas, deberíamos estar preparados para la amenaza del fracaso y desánimo en cualquier momento. No importa quién seas, cuánto dinero tengas ni cuán pacífica ni segura tu vida parezca ser, tendrás que aprender a hacer frente a las sorpresas de la vida.

Podrías tener la fe de Moisés, de Pablo y David juntos y aún así enfrentar fracaso y desánimo. Al igual que Moisés, algún día golpearás un roca con frustración, o pelearás como Pablo con tu propio aguijón en la carne, o te darás cuenta de que el valor que derrota a Goliat no es suficiente para la guerra con tus propios demonios. Pero algunos (como Moisés, Pablo y David) han aprendido a levantarse cuando la vida los bota. Son los que pueden hacer lo mejor y ser lo mejor para Dios.

He aquí el secreto que necesitas para navegar por los fracasos y frustraciones de la vida: La mitad de la batalla en la vida no es tratar con nuestros problemas, sino manejar nuestra percepción de los problemas. ¿Te acuerdas de aquella vieja expresión, "la percepción supera a la realidad"? Lo cierto es que frecuentemente así es.

Por ejemplo, ¿recuerdas la última vez que tu alarma no sonó en la mañana? Cuando finalmente abriste los ojos y viste el reloj con total incredulidad, te enfrentaste a la realidad de que otra vez ibas a llegar tarde a la escuela o al trabajo. ¿Cuál fue tu pensamiento inicial? "¡Va a ser un día terrible!" ¿Verdad? ¡Inmediatamente te resignaste a un día entero de fracaso! Y es posible que tu día resultara ser terrible, porque las percepciones son poderosas, y cuando se dejan a su suerte, tienen una manera de convertirse en profecías que se hacen realidades.

En días como esos, salgo de casa a rastras, me tropiezo con mis obligaciones y todo el tiempo pienso: "Todo se vendrá cuesta abajo desde aquí." Pronto, mi expectativa de un mal día habrá saboteado cualquier esperanza de que las cosas podrían mejorar para bien. ¿Por qué? Las percepciones son poderosas.

Federico el Grande y sus papas

Federico el Grande, el rey de Prusia del siglo décimo octavo, aprendió mucho acerca del poder de nuestras percepciones cuando decidió introducir la papa a la dieta de sus súbditos. Rápidamente aprendió que la percepción podría ser el enemigo o el amigo del progreso.

Prusia dependía mucho del pan y el rey se dio cuenta de que la papa podría ser otro alimento básico y proteger al reino de la hambruna. También podría proteger a su pueblo de la inestabilidad de precio relacionada con el pan. Federico dedujo que si solamente podía introducir la papa a la dieta regular de sus súbditos, podría ayudar a resolver ambos problemas inmediatamente.

Desafortunadamente, ¡la percepción de sus súbditos en cuanto a las papas hizo fracasar su idea sencilla! La gente de Prusia no había pensado en las papas como comida. El producto era feo. Crecía en la tierra y era dura y relativamente sin sabor. Tampoco era nativa de Europa. Las papas llegaban en barcos de América del Sur y los prusianos tenían prejuicios en contra de sus vecinos coloniales del hemisferio sur. Si las papas eran útiles para algo, serían comida para animales o para la peor clase de pobres, pero la gente respetable no las iba a consumir.

Pero el Rey Federico estaba decidido a cambiar esta percepción por el bien de su reino. Por lo que emitió una orden en 1774, que demandaba el cultivo y el consumo de las papas. Su edicto fue completamente impopular. De hecho, los ciudadanos de la ciudad llamada Kolberg respondieron a su rey con algunas palabras rezongonas: "Estas cosas no tienen olor ni sabor; ni siquiera los perros se las comerían, entonces, ¿de qué nos servirán?"

Entonces Federico, que no aceptaba el fracaso, volvió a la mesa de planificación y formuló una estrategia más táctica para cambiar la percepción negativa que el pueblo tenía de las papas. Mucho antes de la introducción de la psicología contemporánea, el rey sacó de su arsenal un poco de psicología reversa. Federico empuñó un arma psicológica en su lucha para cambiar la percepción de las papas por el bien de su pueblo.

Según la historia (¡o leyenda!), unos días después de revocar su orden anterior, el rey ordenó la plantación de un campo real de papas, precisamente afuera de su palacio. Decidido vencer la reputación maltrecha de las papas al renombrarla como una comida real. Tenía papas en su propio palacio, y cuando hablaba del vegetal rechazado, se refería a él como comida que correspondía a un noble.

Entonces, de manera brillante, colocó fuertes medidas de seguridad alrededor de su campo real de papas para intimidar a los potenciales ladrones. Pero a esta policía de papas le dieron instrucciones especiales. Tenían que aparentar ser legítimos, ¡pero debían ignorar a los ladrones! El sabio rey sabía que los campesinos se verían tentados a robar algo tan protegido.

En unas semanas, el robo comenzó.

Con el tiempo, los ladrones exitosos hablaron entre sí, y compartieron sus nuevos senderos hacia los huertos, y pronto las papas robadas comenzaron a cultivarse, a compartirse y a distribuirse entre la clase inferior. Las papas del rey habían entrado a docenas de huertos de los campesinos. Deliberadamente había careado un mercado negro. Simultáneamente, las élites prusianas, en su siempre presente intento de mantener su condición social, comenzaron a seguir la nueva fiebre de la papa.

Ya sea siniestro o brillante, funcionó. El Rey Federico finalmente cambió la percepción de la papa y con este cambio tectónico de percepción pudo resolver un enorme problema social. Si no hubiera persistido en su meta de cambiar la percepción de las papas, nunca habrían sido integradas en la dieta prusiana, y tal vez mucha gente con el tiempo habría sufrido.

Aprende a percibir una crisis de manera distinta

Nuestros problemas más grandes no son necesariamente nuestros problemas más visibles. Nuestras percepciones de esos problemas frecuentemente nos meten en más problemas que los mismos problemas en sí. ¿Y si comenzáramos a percibir muchos de nuestros desafíos de manera distinta? ¿Y si decidiéramos creer que Dios en realidad estaba a punto de hacer algo en nuestras vidas, aunque las cosas parecieran sombrías, irremediables y dolorosas? Después de todo, ciertas épocas difíciles de la vida con el tiempo podrían resultar ser nuestras papas mal entendidas.

El divorcio de mis padres, y toda la locura que lo acompañó, casi mató mi relación con Dios. También mató mi sentido de seguridad y estabilidad, y puso suficientes heridas en mi corazón como para emplear un psicólogo personal para toda la vida.

Mi familia de repente fue lanzada a la pobreza (en el sentido estadounidense de la palabra), y tuve que vivir con el recuerdo obsesionante de mi papá suicida, flácido en el asiento de su auto. Nos mudamos de casa a casa y de escuela a escuela tantas veces que casi no tengo ninguna raíz social de mi niñez. Mi familia fue borrada y evadida en la iglesia. Nos despreciaron, avergonzaron y humillaron. Fue difícil. Muy, muy difícil.

Y peor aún, todo esto sucedió después de que decidí cuidar de mi vida espiritual, precisamente después de que llegué a estar convencido de que Jesús era mi salvador, justo después de que decidí tener una reunión diaria con Dios, de las nueve a las nueve y media cada noche.

¿Verdad que todo estaba mal? Podría preguntarme: "¿Por qué Jesús me hizo pasar por todo esto precisamente cuando decidí servirlo en serio?" Podría determinar que Dios me había estado fastidiando, y lentamente esa actitud se convertiría en resentimiento. Con el tiempo, me apartaría de lo único que más necesitaba en mi vida; de Dios.

Puedo tratar de interpretar mis circunstancias con una actitud de confianza en un Dios cuyos caminos son más altos que los míos. Puedo decidir ver mi vida a través de un lente de gracia, y puedo decidir creer que Dios podría tener algo entre manos.

Ahora, cuando pienso en el divorcio de mis padres, percibo las cosas de manera distinta que lo hice antes. Puedo ver que Dios estuvo con nosotros en todo el camino. Estábamos en pobreza, pero nunca estuvimos sin casa. Quizá la iglesia no nos entendió bien, pero poca gente de la iglesia siempre estuvo lista para buscarnos y cuidar de nosotros. ¡Todos sobrevivimos nuestra guerra relacional a pesar de los momentos peligrosos!

Mi testimonio confirma lo que un hombre dijo: "Dios nunca pone más sobre nosotros de lo que pone dentro de nosotros." Charles Spurgeon, el gran pastor británico dijo una vez: "Dios es demasiado bueno como para ser cruel, demasiado sabio como para estar equivocado, y cuando no puedo sentir su mano, siempre puedo confiar en su corazón." En retrospectiva, ahora me doy cuenta de que los efectos del divorcio de mis padres no fueron tan perjudiciales como podrían haber sido.

Cuando comenzamos a percibir nuestras circunstancias con una luz de esperanza, la gracia comienza a aparecer a través de la oscuridad de nuestros días difíciles. Comenzamos a darnos cuenta de que Dios no estaba esperando entrar en escena. Estaba involucrado. A veces su involucramiento podía haber parecido clandestino, pero no tenemos idea de cómo Dios ha manipulado la historia por nuestro bien. A veces ha intervenido de maneras que nunca sabremos, y su silencio en nuestra crisis podría ser el mejor regalo que posiblemente pudiera darnos.

Ahora me siento casi sanado, y Dios está usando mi historia para estimular a miles de personas para que recurran a Dios en sus problemas y no se alejen de él. También veo a Dios obrar para sanar a mi familia. Puedo ver muy claramente cómo siempre ha estado cuidando de nosotros. La vida es mejor por todas las lecciones que aprendí durante esa época difícil, y tengo una fe más profunda en Dios por la manera en que me ayudó.

Hace un par de años, superé mi ansiedad relacional y conocí a la mujer de mis sueños. Acabamos de celebrar nuestro primer aniversario. Y ahora no estoy agobiado por el bagaje de mi niñez. Tengo una buena carrera como uno de los ejecutivos universitarios más jóvenes de los Estados Unidos, y Dios está usando su obra de gracia en mi vida como testimonio para estimular a mucha otra gente que sufre. Y no soy el único al que Dios ha redimido. Mi mamá acaba de casarse, y mi papá es uno de mis mejores amigos. Mi papá incluso escucha mis sermones en línea cada semana.

Dios no hizo que el matrimonio de mis padres se derrumbara. Ellos lo hicieron. Dios no fue cómplice de su pecado y de su fracaso, pero siempre estuvo y es cómplice de su sanidad. Él es un Dios que enmienda nuestro quebrantamiento y transforma nuestras historias de fracaso, desánimo y dolor en testimonios de gracia y perseverancia.

Con Dios, he aprendido que hay luz al final de cada túnel. Él siempre está cuidándonos cuando la vida está tratando de derrumbarnos, y muchas veces interviene antes de que las cosas se pongan serias. No tiene que intervenir, pero decide hacerlo porque nos ama más de lo que alguna vez lo sabremos.

Por qué Dios a veces permite que la vida sea difícil

Aún podrías preguntarte por qué Jesús permitiría que soportara todo esto cuando decidí servirlo en serio. La mejor manera en que puedo responder esta pregunta es presentándote esta historia.

Mi amigo Dwayne es un excelente padre. Tiene cuatro hijos; dos niñas y dos niños. Dwayne era muy rudo en la secundaria. Era un cristiano cultural que parrandeaba mucho y Dios no le importaba mucho. Pero entonces Dios fue en busca de él. Dwayne llegó a ser creyente, dejó su vida anterior y decidió ser pastor. Ha sido pastor por 27 años y es un hombre genuinamente bueno y piadoso. Es la clase de papá que lleva a sus hijas a su primera cita, que enseña a sus hijos la Biblia en la cena y practica lo que cree. No es hipócrita. Ama a Dios y a su familia profundamente y está obsesionado con ayudar a otros a sacarle el máximo a su relación con Jesús. Es el entrenador de los equipos de fútbol y béisbol de su hijo, y lleva a sus hijos a la granja de su padre para enseñarles parábolas de la vida real. Sus hijos viven lo que él les ha enseñado.

Uno de los hijos de Dwayne es un buen jugador de fútbol y Dwayne es un papá orgulloso. También es el entrenador de su hijo. Durante un juego, a su hijo lo golpearon mucho. Estaba aturdido y herido con una lesión sangrienta y dolorosa, y estaba exhausto. Su hijo quería renunciar, pero Dwayne creía que todavía tenía fuerza para seguir. Dwayne tenía que tomar una decisión como entrenador y como padre.

La lesión de su hijo no era grave. El chico era uno de los mejores jugadores del equipo, y los puntos estaban reñidos. Podía terminar de cualquier manera. Dwayne necesitaba que su hijo jugara a pesar de su lesión, y no quería que su hijo aprendiera a renunciar cuando las cosas se ponían difíciles.

Dwayne amaba a su hijo tanto como un padre puede amar a un hijo, y estoy seguro de que se vio tentado a dejar que se sentara en la banca, que descansara y que se recuperara. Pero porque amaba a su hijo, lo conocía lo suficientemente bien como para saber en realidad cuán lesionado estaba y cuánto más podría soportar. Estoy muy seguro de que Dwayne creía en su hijo más de lo que el hijo creía en sí mismo. Así que Dwayne puso al chiquillo a su lado, y lo animó a que volviera al juego.

Aunque el hijo de Dwayne estaba golpeado, con sangre y con dolor, Dwayne sabía que su hijo podía hacerlo. Sabía que en él todavía había fuerza. Como buen padre y como buen entrenador, tenía dos metas en mente. Primero, quería que su hijo aprendiera que podía hacer más de lo que creía que podía y, segundo, no quería quitarle al equipo la contribución de uno de sus mejores jugadores.

El otro día estaba hablando con Dwayne de esa circunstancia y le pregunté por qué había tomado esa decisión. Dwayne dijo: "No quería que aprendiera renunciar cuando quisiera hacerlo. Sabía que si él aprendía a renunciar tan temprano en la vida se vería tentado a rendirse en cualquier momento, cuando las cosas se pusieran difíciles. Él todavía no se da cuenta de lo difícil que es la vida. Yo sé lo difícil que es la vida. Como papá que cuida de su hijo, sé que necesita aprender a jugar herido, y creía que podía hacerlo."

Creo que por eso es también que a veces Dios nos lanza al juego, cuando creemos que no podemos soportarlo. Está enseñando lecciones que podemos aprender solamente en la lucha. Está galvanizando nuestra fe y mostrándonos lecciones que podemos aprender solamente en el campo.

Dios a veces nos permite enfrentar dolor, duda y dificultad, y a veces nos obliga a jugar heridos porque cree en nosotros más de lo que creemos en nosotros mismos, y ve en nosotros más de lo que vemos en nosotros mismos. Es una de sus maneras de enseñarnos las lecciones más importantes de la vida y de recordarnos su papel como nuestro entrenador.

De vez en cuando, las tormentas de la vida nos derrumbarán. Cuando eso suceda, podemos levantarnos, sacudirnos y volver a intentarlo. Mientras tanto, nuestro Salvador, nuestro entrenador, siempre estará allí, buscándonos y dándonos la fortaleza para que nos levantemos otra vez.

Y cuando fracasamos (y fracasaremos), tenemos que recordar que un solo fracaso no es una profecía de fracasos futuros. Cuando nos encontramos tropezándonos en nuestra relación con Dios, decepcionados en nuestras decisiones, o al otro extremo de una época difícil de la vida, no deberíamos permanecer deprimidos por mucho tiempo. Los cristianos son gente que "se vuelve a levantar." Tienen perseverancia. Están en el juego hasta el último minuto.

Somos gente que "se vuelve a levantar"

El otro día, investigué de algunos fracasos famosos y aprendí algunas cosas verdaderamente interesantes.

- Abraham Lincoln fracasó en los negocios en dos oportunidades, fue derrotado en ocho contiendas políticas, batalló con la muerte de su prometida y tuvo una crisis nerviosa. Todo esto fue antes de que llegara a ser presidente a la edad de 51 años.

- Los Beatles fueron rechazados por ejecutivos de compañías discográficas que determinaron que la música de guitarra estaba por terminar.

- Ulysses S. Grant fue soldado, agricultor y agente de bienes raíces fracasado, a la edad de treinta años.

- A Lucille Ball la despidieron de la escuela de drama porque era muy tímida.

- A Michael Jordan lo sacaron de su equipo de básquetbol de secundaria y lloró toda la tarde.

- Un maestro le dijo a Tomás Edison que era demasiado tonto como para tener éxito con algo.

- A Walt Disney lo despidieron de un periódico porque le faltaba imaginación y no tenía ideas originales.

Finalmente, tenemos que decidir confiar en Dios cuando tenemos que jugar heridos, y al final probablemente seremos más fuertes. Los cristianos no son una clase de gente que se rinde fácilmente. Los cristianos son la clase de gente que resiste, que se vuelven a levantar y a jugar heridos.

Pablo dijo en su carta a la iglesia de Corinto: "Estamos atribulados en todo, mas no angustiados; en apuros, mas no desesperados; perseguidos, mas no desamparados; derribados, pero no destruidos."[2] El autor de Hebreos escribió: "Por lo cual, levantad las manos caídas y las rodillas paralizadas; y haced sendas derechas para vuestros pies, para que lo cojo no se salga del camino, sino que sea sanado."[3] Alrededor de mil años antes, David escribió: "Caerán a tu lado mil, y diez mil a tu diestra; mas a ti no llegará...

Porque has puesto... al Altísimo por tu habitación, no te sobrevendrá mal, ni la plaga tocará tu morada. Pues a sus ángeles mandará acerca de ti, que te guarden en todos tus caminos."[4] No se nos define por nuestros fracasos, sino por lo que hacemos con ellos. Uno de mis mentores solía animarme diciendo: "No mides a un hombre por su riqueza ni su talento, como lo hace el mundo, más bien por lo que se requiere para desanimarlo."

Los cristianos tendrán sus altibajos. La vida será tan turbulenta y abollada como lo es para los no cristianos. La Biblia dice: "[Dios] hace llover sobre justos e injustos"[5]. Aun así, somos el pueblo de Dios. Seguimos a un Salvador resucitado y nos volvemos a levantar cuando la vida nos bota.

Podrías estar pensando: "Pero Johnnie, tú no conoces mi problema."

Tienes razón. No lo conozco. Quizás no pueda sentir empatía ni lo entienda, y mi estímulo a que te levantes pueda parecer como las maquinaciones excesivamente simplificadas de un chico que sabe poco del mundo real.

Pero, ¿qué alternativa tienes? ¿Confías en ti más que en Dios? ¿Quieres simplemente yacer allí en tu propio foso? En lugar de eso, por qué no te levantas, te sacudes y te atreves a creer que Dios en realidad podría tener algo entre manos.

[CUANDO TU BARCO SE HUNDE]
[QUÉ HACER CON LAS TEMPORADAS DE SUFRIMIENTO]

[10]

El abogado adinerado, Horacio Spafford, amaba a Jesús y estaba comprometido con él. Era cristiano y un hombre de negocios ejemplar que vivía de acuerdo a lo que creía en su vida diaria. Era la clase de hombre que esperaría que Dios lo recompensara ricamente por su fidelidad y generosidad. Pero en la década de 1870, las cosas comenzaron a salir mal.

El hijo de cuatro años de Spafford perdió la batalla con la fiebre escarlatina, precisamente al mismo tiempo en que el Gran Incendio de Chicago destruyó la mayoría de sus inversiones en bienes raíces.

Debido a la repentina confusión que ocasionaron estas dos tragedias, decidió llevar a su esposa y cuatro hijas de vacaciones a Inglaterra. Sabía que toda la familia necesitaba un poco de espacio para recuperarse de la pérdida de su hijo y parte de su fortuna. Reservó pasajes en el *Ville du Havre* para ir con su familia a Europa para las vacaciones que tanto necesitaban.

Justo antes de que la nave saliera, Spafford recibió noticias de un asunto urgente de negocios que necesitaba su atención inmediata. En lugar de arruinar las vacaciones de su familia, optó por enviar a su esposa y cuatro hijas en el barco a Inglaterra, en tanto que él viajó de regreso a Chicago para encargarse del negocio. Tan pronto como la crisis fuera resuelta, planificaba volver a la costa y abordar el próximo barco disponible hacia Inglaterra.

Una semana más tarde, cuando Spafford todavía estaba en Chicago y su esposa estaba en Gales, recibió un telegrama poco usual. Las palabras ocasionaron un desborde de dolor en él, aún peor que el dolor de perder las inversiones de su vida y a su hijo de cuatro años. Su esposa había enviado seis palabras simples: "Sólo yo me salvé. ¿Qué debo hacer?"

Horacio Spafford tuvo que haber sentido que su corazón dejó de latir. Su esposa fue una de los pocos sobrevivientes de una colisión entre el *Ville du Havre* y el *Loch Earn*. El *Ville du Havre* se hundió en apenas 12 minutos. El choque en el océano reclamó las vidas de sus cuatro hijas y de otros 222. La Sra. Spafford sobrevivió solamente porque su cuerpo inconsciente, de alguna manera, aterrizó en una tabla de madera flotante. Su último recuerdo era de una ola que la cubría y que la soltó de una de sus jóvenes hijas.

En unos cuantos sucesos arrasadores, Spafford había perdido a sus cinco hijos y mucho de su fortuna. Inmediatamente se fue a Europa. En el camino a Gales, el capitán le notificó cuando el barco estaba cerca del lugar donde sus cuatro hijas habían perecido. Después relató el momento.

> Estaba profundamente perturbado... pero no podía [decirme] que mis cuatro niñitas [estaban] enterradas en el fondo del océano. Involuntariamente, levanté mis ojos al cielo. Sí, estoy seguro que están allá, en lo alto, y mucho más felices de lo que estarían conmigo. Estoy muy convencido de esto, que no querría, por nada del mundo, que alguno de mis hijos me fuera devuelto.[1]

Durante esta temporada difícil su vida, Horacio Spafford escribió el libro que aquellos creyentes estaban cantando en la iglesia del Obispo Rucyahana en Ruanda: "Estoy bien con mi Dios."

A dónde correr en medio de la crisis

Hay dos clases de crisis. Están las crisis que nosotros invitamos a nuestra vida por medio de nuestras decisiones imprudentes, y luego están esas crisis, como la de Horacio Spafford, que no son resultado de nuestra negligencia, sino simplemente el producto de las circunstancias de la vida. A lo largo de los siglos, alguna gente ha atribuido equivocadamente todas las crisis al juicio de Dios. Esta gente equivocada ha creído en una ley de retribución implícita, en la que Dios hace que la vida sea difícil para la gente que hace cosas malas, y asume que si las cosas le van mal a alguien en la vida, esa persona obviamente necesita arrepentirse.

Job, el patriarca bíblico del sufrimiento, trató de que su situación tuviera sentido. Sus amigos le preguntaron qué había hecho para merecer ese tratamiento. Pero sabemos por las Escrituras que la prueba de Job no fue producto del pecado. De hecho, al igual que Horacio Spafford, él fue un buen siervo de Dios.

Cuando pasamos por temporadas de sufrimiento, podemos salir corriendo de nuestra fe debido a la duda y la decepción, o correr hacia nuestra fe porque estamos buscando refugio y respuestas. Muchas veces huimos cuando desesperadamente necesitamos correr hacia Dios. Correr hacia Dios es un acto de perseverancia.

Si huyes, culparás a Dios y estarás resentido con él por no protegerte, o por no intervenir en la historia por ti. Te enojarás por tus oraciones no respondidas y agitarás tu puño frustrado hacia el cielo.

El problema de huir de Dios cuando las cosas se ponen difíciles, es que ahora es exactamente cuando más necesitas correr hacia él. Cuando estés tentado a huir de él, pregúntate: "¿A dónde voy a correr en busca de ayuda?"

Leí de un ateo que le dijo a un entrevistador de la revista *Times*: "La religión organizada es un muleta para la gente de mente débil." Cuando leí esto por primera vez, me ofendió profundamente, pero luego volví a pensar en eso. Ahora sé cómo le respondería a ese ateo: "¿Cuál es *su* muleta cuando la vida se pone difícil, cuando tiene preguntas sin responder, cuando nada tiene sentido? ¿Cómo le está funcionando esa muleta?"

En realidad, creo que todos necesitan una muleta que les ayude a cojear durante las experiencias más difíciles de la vida, porque toda la gente está quebrantada, vive en un mundo quebrantado y todos necesitamos desesperadamente a Dios. La pregunta es: ¿Qué tan efectivas son las otras muletas?

Cuando una crisis llega, algunas personas tratan de distraerse con comportamientos no saludables. Se automedican. Es posible que se conviertan en adictos del trabajo, o podrían comenzar a divertirse. Es posible que traten de adormecer su dolor y de suprimir sus problemas con narcóticos, sexo, dinero u orgullo. Hacen que estas cosas sean sus muletas para que los sostengan cuando los vientos de la vida amenazan con derrumbarlos.

Las Escrituras proporcionan la respuesta alternativa. El apóstol Pedro escribió a un grupo de iglesias esparcidas: "Echando toda vuestra ansiedad sobre él [Dios], porque él tiene cuidado de vosotros."[2] Si el cristianismo es lo que decimos que es, entonces está en su poder máximo cuando estamos al final de nosotros mismos, cuando la vida es difícil, cuando nos damos cuenta de lo mucho que realmente *necesitamos* a Dios. Dios sabe que a veces, si simplemente nos da más dinero, sana nuestras relaciones o resucita a nuestro hijo, estaremos aptos para volver a nuestro descuido perpetuo de él.

En lugar de eso, a veces elige hacer un milagro más grande en nuestras vidas que sanar nuestra enfermedad, incrementar nuestra cuenta bancaria o reparar nuestro matrimonio. Ese milagro podría ser la acción de facultarnos para vivir a pesar de nuestro dolor, o tener fe para saber que nuestros seres amados están disfrutando en el cielo mucho más de lo que disfrutaban en la tierra.

Algunos de los milagros más grandes de Dios no son sus más llamativos, como cuando sana nuestros corazones quebrantados, venda nuestras heridas y nos vuelve a hacer plenos.

Dios hizo un milagro, un verdadero milagro, al ayudar a Horacio Spafford a vivir otro día con tanta pérdida en su vida. Dios hizo un milagro cuando los ruandeses que mencioné anteriormente volvieron a sonreír, a pesar de los horrores que habían experimentado. La sanidad que Dios da a un corazón quebrantado a veces parece más sorprendente que la división que hizo del Mar Rojo.

De alguna manera, los momentos desesperantes pueden afianzar nuestra fe, si decidimos correr hacia la fe en busca de refugio. Correr hacia la fe es como correr hacia una fortaleza cuando las balas del enemigo están volando. Con el tiempo, Job corrió a los brazos de Dios, después de soportar un sufrimiento imposible. Sella su dolorosa trayectoria diciendo: "De oídas te había oído; mas ahora mis ojos te ven."[3] Las temporadas de la vida que muy probablemente nos harán dudar y cuestionar la bondad de Dios pueden servir, al final, para consolidar nuestra fe de alguna manera. Las pruebas de la vida nos trasladan de una fe de segunda mano a una fe de testigo ocular. Nos vuelven a llevar al Gran Cañón.

¿Por qué tanto sufrimiento si Dios es bueno?

Si eres como yo, cuando las cosas se ponen difíciles, te ves tentado a preguntar por qué. La duda surge otra vez para dar entrada a la queja. Te preguntas: "¿Por qué permitiría Dios todo este dolor, problemas y sufrimiento en la vida de la gente como Horacio Spafford? ¿Por qué no intervendría en su vida y en mi vida cuando lo necesitaba? ¿Por qué no responde mis oraciones en las que pido ayuda?"

He pasado mucho tiempo contemplando esta pregunta y leyendo los argumentos e ideas de amigos y enemigos de Jesús que analizan este asunto. He encontrado buenas respuestas a este desafío intelectual en los escritos de apologistas y excelentes teólogos cristianos.

No repetiré su tratamiento detallado del asunto aquí. En lugar de eso, voy a estimularte a leerlas por ti mismo, que hagas tu propio peregrinaje. Pero la respuesta corta es esta: Dios le ha dado al hombre cierto grado de libertad. No controla cada paso que el hombre da. No ordena que beba dos tazas de café en lugar de una, o que me siente en esta silla, en lugar de la que está al otro lado de la habitación. Dios controla el final decisivo de muchas partes de la vida, y ciertamente interviene en ciertos tiempos, por ciertas razones. Pero también permite que la gente viva con cierto grado de libertad.

Por eso es que el mal está en el mundo. Dios no podía diseñar a un hombre que pudiera decidir amarlo sin darle al hombre la libertad de no hacerlo. Si el hombre tiene el poder de elegir, puede tomar toda clase de buenas y malas decisiones, y esas decisiones tienen consecuencias incorporadas. Dios ha diseñado al universo de una manera que las decisiones del hombre tienen influencia, y el hombre tiene que decidir seguir a Dios o no. Dios está involucrado activamente en el universo y ocasionalmente interviene por razones que frecuentemente son claras sólo para él; pero frecuentemente Dios también permite que el hombre haga sus propias cosas. Cada decisión tiene un efecto, y Dios generalmente permite que esas decisiones se materialicen en la historia. De alguna manera, al final, todas estas decisiones obran juntas en una historia enorme y complicada que él ha diseñado.

C. S. Lewis, el académico ateo británico, que se convirtió en cristiano y autor de libros como la serie de *Las crónicas de Narnia*, tenía una perspectiva interesante acerca de la intersección del libre albedrío del hombre y el control que Dios tiene del universo. El autor Philip Yancey describe la perspectiva de Lewis:

> Dios creó la materia de tal manera que podamos manipularla, al cortar árboles para construir casas y al represar ríos para formar reservas. Dios concedió una expansión tal de libertad humana que podemos oprimirnos unos a otros, rebelarnos en contra de nuestro Creador y hasta asesinar al propio Hijo de Dios... Imaginamos mejor el mundo no como un estado gobernado por un soberano sino como una obra de arte, algo como una obra, en el proceso de ser creada. El dramaturgo permite que sus personajes afecten la obra en sí, luego incorpora todas sus acciones al resultado final.[4]

Lewis dijo: "La escena y el diseño general de la historia está arreglado por el autor... [pero] ciertos detalles menores se dejan para que los actores los improvisen."[5] Dios es tan providencial porque le gusta estar en partes de la historia, en escenas de mi historia y de tu historia. Pero al final, Dios escribe el capítulo final, integrando las consecuencias de cada acontecimiento sucesivo en la tierra.

La perspectiva de Lewis nos ayuda a encontrar un equilibrio entre el control que Dios ejerce en el universo y la libertad que le dio al hombre para interferir en los planes de Dios.

William Lane Craig, un gran defensor del cristianismo, ha empleado la ciencia para demostrar cómo los acontecimientos de nuestra vida e historia en realidad son acordes, que se tocan en una enorme orquesta del universo compuesta por Dios. Dice que la "teoría del caos" demuestra la compleja interconexión de nuestro mundo. Él cree que es una toma instantánea de cómo las circunstancias aparentemente desconectadas del hombre finalmente podrían obrar juntas, para bien o para mal, en el plan más amplio de Dios. Los científicos de la teoría del caos creen que los cambios más pequeños o "alteraciones" pueden tener efectos enormes en el clima de nuestro mundo o en las poblaciones de insectos. Por ejemplo, una "mariposa que revolotea en una ramita en África occidental podría activar fuerzas que con el tiempo derivarían en un huracán en el Océano Atlántico."[6] Craig dice que alguien que observe esa mariposa en la ramita nunca imaginaría que un acontecimiento tan insignificante podría tener un resultado tan enredado y complicado.

Esto es en parte a lo que la Biblia se refiere cuando Dios dice: "Como son más altos los cielos que la tierra, así son mis caminos más altos que vuestros caminos", o "A los que aman a Dios, todas las cosas les ayudan a bien, esto es, a los que conforme a su propósito son llamados."[7] De alguna manera, Dios ha creado un mundo tan sensible que los acontecimientos pequeños pueden tener resultados enormes. Las decisiones pequeñas pueden terminar o iniciar guerras; pueden resolver o agravar la pobreza. Las decisiones pequeñas pueden hacer que los barcos colisionen y matar a 226 personas, como a las hijas del Horacio Stafford. Los acontecimientos pequeños son fichas de dominó, que resultan en acontecimientos que profundamente afectan nuestras vidas de maneras positivas y negativas.

No sabemos todo lo que se Dios está haciendo en su administración de este planeta de más de seis billones de personas, pero sabemos que a veces interviene y a veces no. Pero a través de su Palabra, sabemos que: "Mediante su divino poder, Dios nos ha dado todo lo que necesitamos para llevar una vida de rectitud. Todo esto lo recibimos al llegar a conocer a aquel que nos llamó," para bien o para mal.[8] Nos ama lo suficiente como para intervenir algunas veces y para no intervenir otras veces. Dios pudo haber intervenido y sanado el matrimonio de mis padres. En lugar de eso, permitió que siguiera su avance natural. El resultado inicial fue mucho dolor y quebrantamiento, pero ahora está usando mi historia para ayudar a miles. Sus caminos eran más altos que los míos.

Dios de alguna manera pudo haber evitado que la esposa de Horacio Spafford y sus hijas se fueran en el *Ville du Havre* aquel fatídico día en 1873. En lugar de eso, permitió que estas cuatro niñas se graduaran de la tierra para disfrutar una llegada temprana en el cielo. Sabía que estarían felices de esperar su reunión en la diversión de calles de oro y con el Hijo de Dios. Mientras tanto, Dios usó una potente infusión de fe y dolor profundos en las vidas de Horacio y Anna Spafford para componer una historia y un himno de todos los tiempos que fortalecería a millones a lo largo de los años en momentos de dolor insaciable.

Horacio Spafford nunca imaginó que algún día las víctimas del genocidio ruandés, cuyos familiares habían sufrido una muerte mucho más horripilante y lenta que la de sus hijos, estarían cantando su himno para su propia sanidad.

La fe cristiana en la resurrección

Los cristianos primitivos encontraron consolación en su sufrimiento por medio de la esperanza que se ofrece en la resurrección de Cristo. Pablo escribió a una iglesia en la ciudad griega de Corinto que la resurrección era la pieza central de la doctrina cristiana.[9] Dijo a la iglesia de Roma que la salvación dependía de creer que Jesús es Señor y confesar que Dios lo levantó de los muertos.[10] La verdad de la resurrección de Jesús no fue una doctrina nebulosa que se celebraba únicamente para Semana Santa. Penetró en el cristianismo y los cristianos primitivos sacaron esperanza de su realidad durante tiempos de sufrimiento y persecución.

Pablo escribió en una carta acerca de su horrible sufrimiento personal, bajo tremenda presión. Dijo que la presión iba más allá de su capacidad de soportar, y en cierto punto el apóstol sintió que se iba a morir. Pero en este momento mortal de su vida, Pablo escribió: "para que no confiásemos en nosotros mismos, sino en Dios que resucita a los muertos."[11] Hay abundantes razones históricas para creer en la resurrección de Jesucristo.[12] También hay varias razones *prácticas* para creer, y la principal es que la resurrección marca la derrota del enemigo más destructor del hombre. Si Jesús puede vencer la muerte, puede vencer cualquier desafío humano que podamos enfrentar en nuestra vida. Si él decidiera hacerlo.

El apóstol Pablo escribe en su primera carta a los Corintios que por medio de la resurrección: "Sorbida es la muerte en victoria." Después habla a la muerte: "¿Dónde está, oh muerte, tu aguijón? ¿Dónde, oh sepulcro, tu victoria?"[13]

La vida no siempre será fácil. El dolor llegará sin haber sido invitado, las sorpresas llegarán y podemos correr para alejarnos de Dios o correr hacia sus brazos. *Siempre* debemos elegir correr a sus brazos. Él es nuestra única esperanza, y él nos ha dado buenas razones para confiar en él. A veces interviene y nos da cosas mejores. A veces elige dejarnos batallar en nuestra fe y luchar por sobrevivir. Pero él ya ha hecho dos cosas por nosotros.

Primero, Dios "nos ha dado todo lo que necesitamos"[14] por medio de su Palabra llena de promesas y por medio del testimonio de su obra a lo largo de la historia. Segundo, ha derrotado a nuestro mayor enemigo, la muerte. Él pasó por encima de nuestra muerte con la muerte y resurrección de su Hijo, nos ha concedido vida nueva y nos ha garantizado que nunca se irá, aun cuando tengamos que soportar mucho dolor.

Recientemente tuve la oportunidad de pasar un día en la Universidad Liberty con Joni Eareckson Tada. Durante toda su vida adulta, ella ha estado confinada a una silla de ruedas debido a un trágico accidente en un clavado. Tiene toda la razón del mundo para preguntarse por qué Dios le ha dado un destino tan difícil en la vida. Aun así, ella ha decidido confiar en él, a pesar de su dolor, y usa su testimonio para ayudar a millones de creyentes que batallan alrededor del mundo. Una vez Joni escribió: "A veces Dios permite lo que odia para lograr lo que ama."

Creo que eso es cierto.

Completar todos los detalles es su trabajo. El nuestro es confiar. Quién sabe, podrías ser como una mariposa que se posa en una ramita, y tu sufrimiento podría ser el primer paso de una historia compleja que podría cambiarle forma al mundo.

[PARTE 4]

[DE LA PERSEVERANCIA
A LA MISIÓN]

Dios usa a la gente para cumplir sus planes para la tierra. Usa a la gente, a pesar de sus dudas, fracasos y fallas, para hacer cosas verdaderamente fantásticas. Esta es una parte de la fe en Cristo que la mayoría de la gente pasa por alto. Tenemos que tomar la misión de Dios personalmente y determinar que somos responsables de marcar la diferencia en el mundo. La buena noticia es que Dios ya está obrando en el mundo, por lo que nos invita a ser parte de algo que él ya está haciendo. Su misión es nuestra misión, y el cumplimiento de esa misión comienza con compasión, requiere de esfuerzo y produce en nosotros un espíritu sacrificial, basado en la compresión de que el evangelio es digno de todo lo que somos.

HAZTE PÚBLICO
CÓMO COMPARTIR LO QUE HEMOS VISTO

[11]

Imagina que Jesús entra a la habitación, precisamente donde estás en este momento. Sólo estás ocupado en tus cosas, de paso leyendo este libro en una bonita silla cómoda, en una mañana lluviosa. Estás bebiendo café, estás perdido en tu imaginación, y entonces, ¡*pum!* ¡Jesús simplemente aparece!

La puerta rechina un poco cuando él entra. ¡Te da un sobresalto! Tartamudeas unas palabras: "Ah... Mmm... Jesús... ¿Qué estás haciendo aquí? ¿No deberías estar con ovejas, en el cielo o con ángeles que danzan o algo así? ¿Qqqué eeeestás haciendo aquí, Jee...Jesús?"

Sencillamente, Jesús no entra a las habitaciones de la gente todos los días. Esta es una experiencia atípica. Sin embargo, jala una silla, se coloca precisamente a tu lado, retira este libro de tus manos, lo pone en la mesa, te mira a los ojos y dice: "Mira, necesito un favor."

Tengo algo como un presentimiento de lo que ese favor podría ser. Creo que te pediría que comenzaras a esparcir la noticia entre otras personas de lo que está haciendo en tu vida. No creo que lo exigiría ni te amenazaría si no lo hicieras. Creo que simplemente lo pediría cortésmente, esperando que su amor por ti, claramente expresado en la cruz, te obligaría a hacerle este favor.

Jesús podría decir: "Escucha, ya me encargué de todos tus pecados y estoy trabajando mucho estos días para hacerte la persona que quieres ser. Y sabes que quiero hacer esto con todos. Quiero ayudar a tus amigos, a tu familia, a tus compañeros de trabajo, de la escuela... y algunos de ellos *verdaderamente* lo necesitan. ¡Sabes que sí! Así que me preguntaba, ¿podrías referírmelos para ayudarlos un poco? ¿Podrías sólo decirles que estoy dispuesto a hacer esto por ellos también? Detesto verlos sufrir. Los amo y tengo lo que ellos necesitan. Se los daré si simplemente lo piden. Por favor, sólo diles... por mí... ¿puedes hacerlo?

¿Ignorarías la petición de Jesús? Por supuesto que no. Él es Jesús. Es muy importante. Aun así, de alguna manera, muchos hemos ignorado totalmente lo único que Jesús nos pidió que hiciéramos por él; simplemente hablarle a la gente de él. Esta es la misión, la única misión, que nos ha asignado.

Palabras de despedida

Cuando Jesús estaba flotando hacia el cielo 40 días después de su resurrección, dejó la tierra gritándole a sus discípulos: "me seréis testigos en Jerusalén, en toda Judea, en Samaria, y hasta lo último de la tierra."'Este fue el mismo favor. De hecho, Jesús estaba diciendo: "¡Vayan a contarle a todos de mí!"

Pero Jesús no nos trajo salvación a cambio de que habláramos de él con otros. No somos salvos por nuestra disposición de hablar con otros de Jesús, por nuestra disposición de esparcir su evangelio. Él nunca dijo: "Te salvaré *si* te conviertes en un rótulo andante del evangelio."

No, Jesús solamente nos salvó. Lo hizo gratuitamente, a cambio de nuestro pecado. Entonces nos pide un favor: "¿Podrías solamente hablar con otros de mí?" Más específicamente, pide a sus discípulos que sean sus testigos.

Cómo ser testigos de Jesús

¿Qué quiso decir Jesús con *testigos*?

Muy simple, los testigos son personas que comprueban la veracidad de algo que han visto o experimentado. Un testigo dice: "Sé que Juan mató a Guillermo porque lo vi hacerlo."

Jesús estaba diciendo a sus discípulos: "Por favor, ¡díganle a la gente lo que *han* visto y lo que *han* oído!" Estaba diciendo: "Saben que es verdad; por lo que han visto, por lo que he hecho en su propia vida. Así que vayan a esparcir la noticia de que soy quien dije ser, que puedo hacer por otros lo que he hecho por ustedes, ¡y que *quiero* hacerlo!"

Curiosamente, inmediatamente después de la petición personal de Jesús de que sus discípulos fueran testigos, ¡la Biblia dice que ellos se quedaron ahí parados, mirando hacia el cielo! Supongo que ver a alguien flotar en el cielo *es* un poco fuera de lo normal. Probablemente habríamos estado allí con ellos, ¡mirando hacia el cielo! Sus mandíbulas probablemente estaban en el suelo.

Entonces, en medio de su conmoción, dos ángeles aparecieron justo a su lado y dijeron algo que en parte fue una pregunta y en parte una orden. "¿Por qué estáis mirando al cielo?"[2] Los ángeles estaban diciendo: "Está bien amigos, ¡a trabajar! ¡Ya les asignaron su misión!"

Y vaya si no se ocuparon. En unos cuantos años, casi todo el imperio romano, de alguna manera, había sido tocado con la historia de Jesús, y hasta este día sigue siendo la persona más famosa del mundo. Todo esto puede remontarse hasta aquel grupo de testigos comunes y corrientes.

Para esos discípulos, el cristianismo era más que un plan personal de autoayuda para mejorar su propia experiencia de la vida. No se trataba de mantener personalmente un alma saludable. Su búsqueda era tanto externa como interna. Su enfoque no estaba principalmente en lo que obtuvieron de eso; también se trataba de lo que podían contribuir para otros y para el mundo. Estaba adentro y afuera. Cristo les había asignado una misión que ellos tomaron *muy* en serio. Llevar a cabo esa misión en sus actividades diarias le agregó un componente nuevo a sus vidas espirituales.

La mayoría de nosotros limita todas las cosas espirituales a una experiencia personal, y totalmente evadimos la misión de compartir el evangelio. Pero al ignorar la misión de Cristo para nosotros, no sólo perdemos parte de nuestro propósito en la vida sino que también le robamos al mundo el conocimiento de Jesús. Devaluamos nuestro testimonio de testigos presenciales, y nos robamos la alegría que brota de un cristiano que ha tenido la experiencia transformadora de guiar personalmente a alguien más a la sanidad en Jesús.

La misión de Cristo ayuda a responder las antiguas preguntas: ¿Por qué estamos aquí? Y ¿Cuál es nuestro propósito?

El valor del evangelio

Tenemos toda clase de razones para no tomar en serio la asignación que Jesús nos dio.

Una vez, mientras enseñaba una clase que se llama Introducción a la Vida Cristiana a unos 500 estudiantes, hice una encuesta y les hice esta pregunta: ¿Por qué no compartes tu fe?

La mayoría de ellos dijo que no hablaban de Jesús a otros muy frecuentemente porque tenían miedo de ser rechazados, o de no saber lo suficiente de Dios o su Palabra para responder las preguntas de la gente inquisitiva. Algunos dijeron que los Cristianos deberían mantenerse callados por respeto a los demás, y otros simplemente no querían, no les importaba y no tenían la intención de cambiar de parecer. En todo, el estudio reveló media docena de excusas distintas.

En realidad, creo que todas esas excusas son el resultado de un asunto subyacente. La mayoría de nosotros no toma en serio la misión de Jesús porque simplemente no valoramos el evangelio como deberíamos. Si valoráramos el evangelio, compartiríamos con otros lo que Jesús ha hecho en nuestra vida con disposición y de manera regular.

Nuestras otras excusas, como nuestro miedo, nuestro analfabetismo bíblico o nuestra falta de disposición para entablar una conversación espiritual con alguien, son síntomas de este problema básico. En realidad es un asunto sencillo. Cuando comencemos a ver el evangelio como deberíamos hacerlo, estaremos tan orgullosos de lo que Jesús ha hecho por nosotros que nuestras historias brotarán en nuestras vidas y en nuestras palabras. Vamos a *querer* darle un sabor del reino de Dios al planeta tierra, y nos encantará permitirle a Dios que lo haga a través de nosotros.

El evangelio es el tesoro más grande

Jesús pasó abundante tiempo enseñando acerca del valor del evangelio. En mi pasaje favorito, dejó claro este punto por medio de una parábola acerca de un par de cazadores de tesoros. La historia es corta, precisa y fácil de entender. Se divide en dos escenarios distintos, esparcidos en tres versículos.

> El reino de los cielos es semejante a un tesoro escondido en un campo, el cual un hombre halla, y lo esconde de nuevo; y gozoso por ello va y vende todo lo que tiene, y compra aquel campo. También el reino de los cielos es semejante a un mercader que busca buenas perlas, que habiendo hallado una perla preciosa, fue y vendió todo lo que tenía, y la compró.[3]

Jesús nos da dos escenarios unidos por una acción compartida. Los dos hombres, un mercader adinerado que busca perlas y un ciudadano de clase más baja o clase media que se tropieza con un tesoro, venden todo lo que tienen para comprar una cosa.

La parábola nos muestra cómo encontramos el evangelio: Algunos lo buscan y otros se tropiezan con él. Pero lo más importante es que la parábola nos revela el valor supremo del evangelio. Cuando Jesús dijo que vendieron todo, se refería a *todo*.

Los hombres vendieron sus casas y su transporte, su comida y su ropa. Jesús quiso inferir que esos hombres escogieron la completa pobreza a cambio de la oportunidad de poseer una perla o un tesoro escondido. Completamente liquidaron sus activos por la oportunidad de poseer este tesoro escondido o esta perla valiosa.

La historia al parecer no tiene sentido, ¿verdad? ¡La situación es casi ridícula! ¡Vender todo lo que tienes para comprar una cosa no tiene sentido! ¿Cómo vas a disfrutar la perla cuando no tienes casa, ropa ni comida? Entonces, ¿cuál es el punto de Jesús?

Jesús quiere decir que cuando comienzas a valorar el evangelio como deberías hacerlo, estarás dispuesto a vender *todo* lo que tienes para comprar el evangelio. Cuando comienzas a ver el regalo de Dios, a reconocer la gloria de él, a darte cuenta de su importancia, cuando comienzas a estar enamorado de él, a anhelarlo, harás cualquier cosa para obtenerlo. Estarás encantado, sobrecogido, impactado por él.

Posteriormente, las Escrituras revelan que el evangelio no se puede comprar, pero solamente puede recibirse como un regalo gratuito, a través de la cruz. Pero esto no cambia su valor supremo; simplemente ilustra la gracia extravagante de Dios, que de buena gana distribuye un regalo de infinito valor a cualquier pobre que se lo pida con la actitud adecuada.

Ridículo, ¿verdad? ¡Y así es la gracia!

Jesús quiere que sus estudiantes se den cuenta de que el evangelio es, verdaderamente, el regalo más valioso del universo. Quiere que en realidad *reciban* lo que él les ha dado gratuitamente. Sabe que si lo *reciben*, comenzarán a apreciarlo.

A propósito, por eso es que también, en la segunda parábola, Jesús ilustra el valor del evangelio al usar perlas. Las perlas eran la posesión más valiosa en el mundo antiguo. A veces los judíos decían que "no tenían precio", y los reyes más grandes y magnates más acaudalados del mundo oriental a veces exhibían su riqueza con la acumulación de perlas. La primacía de la perla se revela en un relato antiguo de una competencia entre Cleopatra y Marco Antonio. Según dice la historia, Antonio desafió a su cohorte a dar una espléndida fiesta después de que él mismo hubiera dado su propia fiesta. Las reglas de la competencia eran simples: Cualquiera que estuviera decidido a dar el acontecimiento más costoso sería declarado el ganador.

Marco Antonio se fue a toda marcha. Consiguió las delicias más suntuosas y sabrosas y contrató a sus artistas más buscados. Tardó semanas y gastó el equivalente a millones para preparar una noche opulenta, y fue una aclamación tan grande que limpiar el desorden después requirió de muchas semanas más.

Nadie se imaginó que Cleopatra pudiera dar un acontecimiento más espléndido, pero ella no estaba dispuesta a ser superada por un hombre, especialmente *su* hombre. Cuando Antonio llegó a la versión de Cleopatra de la fiesta más costosa, quedó impactado al descubrir un salón aburrido y casi vacío. De hecho, sólo vio una mesa solitaria al centro del espacio tétrico, con dos puestos y un candelabro como el centro de la mesa.

Cleopatra pidió a su invitado que tomara su lugar cuando el mozo llegó con una copa de vino, una jarra de vinagre y una caja dorada. Según la leyenda, Cleopatra abrió la caja dorada que revelaba la perla más grande y más costosa. Era valiosísima.

Unos cuantos ayudantes y el mismo Antonio miraron curiosamente cuando Cleopatra sacó la perla de su cuna dorada y la dejó caer en la jarra de vinagre. Se sentó en silencio hasta que la perla se disolvió totalmente con el líquido ácido. Entonces mezcló el vinagre con infusión de perla con su vino, se lo bebió todo y concluyó la fiesta más cara del mundo. ¡Fácilmente había vencido a su amante, Antonio, con su propio desafío! Él compitió con su opulencia; ella compitió con su ingenio. Su fiesta "no tenía precio."

Por supuesto, la historia pretende ilustrar que Cleopatra era tan acaudalada que la perla más grande del mundo, a capricho suyo, fue reducida a una pieza del juego que estaba jugando con su amante.

El evangelio no tiene precio y es gratuito

En la época de Jesús, las perlas despertaban un sentido de misterio y extravagancia. Eran casi cautivadoras, hasta mágicas. Jesús no escogió sus palabras a la ligera. Deliberadamente comparó el evangelio con la joya más valiosa del mundo de la época. Lo hizo para asegurarse de que entendiéramos lo que teníamos a nuestra disposición de manera *gratuita*. Esperaba que su analogía despertara el mismo encanto en nuestro corazón por el evangelio. Esperaba que quedáramos tan impactados con el evangelio como el pueblo lo estaba con las perlas; tan perplejos, que estuviéramos dispuestos a vender nuestras casas, automóviles, joyas y reliquias familiares por la oportunidad de ser liberados del pecado y de disfrutar una relación nueva y pura con Dios.

Así como el valor del evangelio se revela, Jesús nos da una sorpresa. El evangelio no solamente es más valioso que las perlas, sino que también está disponible para nosotros, gratuitamente. Por lo tanto, deberíamos apreciar mucho este regalo. Deberíamos estar enormemente agradecidos por recibirlo, y deberíamos apreciar la oportunidad de contarle esta historia a otros.

Instinto de conservación o autosacrificio

Estaríamos exagerando y malinterpretando la parábola de Jesús si afirmáramos que Jesús presentó estas escenas simplemente para obligarnos a vender todas nuestras pertenencias para seguirlo. Su parábola no tiene nada que ver con nuestras posesiones materiales; tiene mucho que ver con el valor del evangelio y con nuestra apreciación de él. Si vemos el evangelio como deberíamos, como lo que es, estaremos dispuestos a hacer cualquier cosa por él.

Creo que la razón por la que tenemos tanto problema para fomentar esta actitud hacia el evangelio tiene mucho que ver con nuestra obsesión total por nuestros propios intereses. Una vez leí que la primera regla de la vida para la mayoría de la gente es el instinto de conservación, pero la primera regla para un cristiano debería ser el autosacrificio.

El evangelio de la gracia está en total contraste con los valores de nuestra cultura, que nos enseña que busquemos ser el primero, que nos cuidemos las espaldas y que subamos las escaleras de la fama y la fortuna. El evangelio le hace la guerra a nuestra mentalidad de "tengo derecho a", al narcisismo que eleva nuestros propios intereses por encima de todo lo demás, y a nuestra tentación de solamente usar la energía que nos sobra para el bien de otras personas y para el cumplimiento de la misión de Dios. En una cultura que se basa en el instinto de conservación, el evangelio nos llama a estar dispuestos a hacer cualquier cosa para hacer del mundo un mejor lugar. Pero aun más que hacer del mundo un mejor lugar, el evangelio nos llama a poner nuestro esfuerzo personal, tiempo dinero y hacer cualquier otra clase de sacrificio para que el mundo sea un lugar sanado y redimido por la obra de Jesús, a través de nosotros. El evangelio nos llama a hacer un autosacrificio por él.

Tendremos la fortaleza moral para hacer esto, únicamente cuando comencemos a valorar el evangelio como deberíamos hacerlo.

No te confundas en esto. Las Escrituras dejan bastante claro que Jesús ha comisionado a sus seguidores para que sean agentes de cambio en este mundo. Nos ha llamado la sal de la tierra porque él quiere que sazonemos la tierra con nuestra presencia placentera y preservante. Ha declarado que somos sus embajadores, responsables de representar los intereses del reino de Dios en el planeta Tierra. Y se ha referido a nosotros como peregrinos en una misión asignada, que vagamos en una tierra que no es nuestro hogar.

Para cumplir esta asignación en la misión de Dios, tenemos que estar dispuestos al sacrificio. El evangelio siempre nos impulsa a entregarnos en su servicio. No requiere que lo hagamos. Simplemente requiere de arrepentimiento para salvación, pero nos motiva como recipientes de gracia, para que seamos distribuidores de gracia en un mundo que vaga en confusión espiritual.

Cantamos nuestros cantos

En lugar de salir de nuestras iglesias en masa en una misión a cubrir la tierra con la historia de la gracia de Dios, frecuentemente estamos enfocados en disfrutar nuestra relación con Dios dentro de nuestras iglesias, en nuestros propios corazones. Somos aptos para encerrarnos en nuestras comunidades o devoción privada, en tanto que el mundo está clamando por lo que solamente Cristo puede ofrecer.

Si ignoramos nuestra asignación de ser mensajeros de Cristo, somos culpables de robarle al mundo el regalo que Dios le ha dado. Somos como los carteros que decidimos robar paquetes en lugar de entregarlos en nuestra ruta asignada. Dios nos dio gracia con la esperanza de que nosotros también diéramos gracia en su nombre. Cuando privamos al mundo de nuestra contribución de la gracia de Dios, nos aislamos del mundo o ignoramos las necesidades del mundo completamente. Cuando somos islas, confinamos nuestro cristianismo a nuestros tiempos de oración y meditación privados, o lo mantenemos encerrado en nuestras iglesias. Con el tiempo, llegamos a estar aislados del mundo que nos rodea y ni siquiera conocemos a alguien que no sea cristiano.

Hace algunos años, me tropecé con una historia trágica de una mamá que había confinado a sus tres niñitas al sótano de su casa en Europa Oriental, por más de diez años. Las niñas vivían en miseria en una habitación que tenía las ventanas cubiertas con madera, y sólo con una bombilla que colgaba de un cordón. El piso de su calabozo estaba cubierto con una capa gruesa de heces de rata. Las niñitas nunca habían aprendido el idioma local (alemán). En lugar de eso, ellas se habían enseñado su propio idioma, y hasta habían escrito sus propias canciones. Cuando finalmente fueron descubiertas y las llevaron a un doctor, se arrinconaron de miedo en la esquina de la oficina, y se protegían de la luz porque no habían visto el sol en más de una década.

Creo que Dios me habló cuando leí la historia. Me impresionó profundamente que esta historia trágica refleja la condición apática de tantos cristianos que están aislados del mundo que los rodea. Con el tiempo ya no podemos funcionar de manera efectiva en el mundo, porque hemos creado nuestro propio mundo y nuestro propio idioma hiperespiritual. Hemos escrito nuestras propias canciones y hemos creado nuestra propia cultura. Por supuesto, no vivimos en miseria, pero estamos aislados y no estamos conscientes del mundo fuera de nuestras paredes; un mundo que desesperadamente está buscando a Dios en toda clase de ocupaciones inútiles.

El evangelio nunca debería aislarse detrás de paredes aislantes en la iglesia, ni en nuestros corazones. El evangelio debería brotar de nuestras paredes para declarar a otros el testimonio de Jesús, de la boca de sus testigos presenciales.

El evangelio también se suprime cuando intencionalmente ignoramos la condición espiritual y física de la gente que sabemos que lo necesita. Mi abuelo fue un predicador en el campo, que solía hablar de la perdición del mundo. Creo que esa es una buena imagen. Mucho del mundo está espiritual y físicamente perdido, y mucha gente necesita el agua viva de Jesús *y* un vaso de agua fría en su nombre. Pero muchos cristianos están contentos con asegurar su boleto al cielo, con recibir la sanidad personal y con ignorar la comisión de Jesús de llevar su mensaje de salvación y sanidad a otros.

Cuando la iglesia y los cristianos individuales se rehúsan a tomar su misión en serio, la sociedad puede sufrir efectos secundarios increíblemente horrorosos. Recientemente estaba leyendo el relato de Erwin Lutzer, de cómo una iglesia inactiva y apática contribuyó al surgimiento del nazismo. Lutzer comparte el relato de primera mano de un cristiano alemán, que describe la peor clase de apatía cristiana. Cuando lo leí, sentí que el estómago me dio vueltas.

> Yo vivía en Alemania durante el holocausto nazi. Me consideraba cristiano. Oíamos historias de lo que estaba ocurriendo a los judíos, pero tratamos de alejarnos de eso... Detrás de nuestra pequeña iglesia pasaba una vía de ferrocarril y cada domingo en la mañana podíamos oír el silbido a la distancia y luego las ruedas que se acercaban en la vía. Nos inquietaba cuando oíamos los gritos que salían del tren cuando pasaba. Nos dimos cuenta de que llevaba judíos como ganado en los vagones. Semana tras semana el silbato sonaba. Temíamos oír el sonido de aquellas ruedas porque sabíamos que oiríamos los gritos de los judíos que se dirigían a un campo mortal. Sus gritos nos atormentaban. Sabíamos la hora en que el tren pasaba, y cuando oíamos el sonido del silbato, comenzábamos a cantar himnos. Para cuando el tren pasaba por nuestra iglesia, estábamos cantando a toda voz. Si oíamos los gritos, cantábamos más fuerte y pronto ya no los oíamos... Aunque han pasado los años, todavía oigo el silbato del tren cuando estoy dormido. Perdóname, Dios, perdónanos a todos los que nos llamábamos cristianos y no hicimos nada para intervenir.[4]

"Recibir" el evangelio significa compartir el evangelio

Creo que a este punto alguien ya te ha dicho que la palabra *evangelio* en realidad significa "buena noticia."

Me gusta recibir buenas noticias, y a ti también. Cuando mi esposa aceptó casarse conmigo, fue una buena noticia. Se lo dije a todos con los que me encontraba, lo hice "oficial en Facebook" y levanté mis manos con felicidad casi eufórica. Cuando recibí mi primer trabajo, o cuando me invitaron a escribir este libro, estallé con una celebración espontánea. Eran buenas noticias.

El evangelio no es una mala noticia, una noticia horrible, ni una noticia que nos pondría nerviosos al compartirla. Es una buena noticia, y también es un mensaje de importancia solemne. En tanto que estamos cantando nuestros cantos de adoración y disfrutando la bendición de la redención de Cristo, todo un mundo de gente está amontonado en su propio tren, que se dirige a su propia clase de tragedia. Nosotros tenemos el secreto y el poder de llevarlos a la liberación. Pero frecuentemente nos quedamos con nuestra buena noticia, en tanto que ellos se dirigen hacia su terrible, pero prevenible, destino.

Muchos recipientes de la gracia no merecida se rehúsan a distribuir gracia a otros. Sin duda, esta es una de las tragedias más grandes de la historia. Dios nos ha dado la oportunidad, la responsabilidad y el privilegio de distribuir su buena noticia de gracia al mundo en su nombre.

Todos conocemos gente que necesita algo que Jesús ofrece. Pero, de alguna manera, simplemente cantamos más fuerte en nuestras iglesias en tanto que el mundo gira desenfrenadamente fuera de control, y experimenta con salvadores falsos. Ahora es el tiempo de que los cristianos nos hagamos públicos con nuestra fe y declaremos abiertamente nuestra lealtad a Jesús y nuestra fe en su poder para cambiar el mundo. ¡Es hora de vivir sinceramente lo que creemos!

De otra manera, somos socorristas con nuestro chaleco salvavidas, nuestra balsa salvavidas y nuestro flotador salvavidas que estamos contentos con ocuparnos de nuestros asuntos, en tanto que el mundo se está ahogando. Pero Jesús nos está pidiendo un favor: "¿Podrías, por favor, ir a ayudar a esta gente?"

EMPATÍA POR LOS TERRORISTAS
EL PODER DE LA COMPASIÓN

[12]

No hace mucho tiempo, estaba escuchando distraídamente un documental de radio acerca de las canciones de cuna. Los comentadores estaban resumiendo su análisis global de las canciones que las madres cantaban para ayudar a sus niños a dormirse. Estaba medio aburrido. Mi mente estaba en otro lugar. Entonces el hombre de la radio comenzó a hablar de una canción de cuna que cantan algunas de las madres más pobres de uno de los países más empobrecidos del África. Comencé a poner atención. La letra, cuando se traduce, decía algo así: "Si te duermes, se te quitará el hambre."

Me sentí muy triste. El sueño más grande de esta madre era que su querido hijo pudiera olvidar su hambre por algunas horas. Ella no soñaba que su hijo algún día tuviera una casa en una calle exclusiva, un auto bonito, una cuenta de ahorros, un buen cónyuge, hijos bellos y un futuro seguro. Simplemente soñaba con que su hijo sobreviviera otro día.

¿Y si ese era mi hijo? ¿Y si yo hubiera *sido* ese niño?

Comencemos con una confesión. A la mayoría de nosotros probablemente le cuesta mucho interesarse constantemente en otra gente. A pesar de nuestras mejores intenciones de ayudar a que este mundo sea un mejor lugar, a pesar de las causas que nos apasionan, los problemas que sabemos que necesitan soluciones, y hasta de un entendimiento claro de nuestra responsabilidad de ser la luz de Jesús para el mundo, de alguna manera, batallamos para vivir constantemente la misión de Cristo en nuestra vida diaria.

Es mucho más fácil ser como el sacerdote que pasa y se esfuerza mucho de no hacer contacto visual con el viajero que está sangrando y golpeado al lado del camino. Nuestra curiosidad nos impulsa a darle un vistazo a la desafortunada condición difícil del hombre aporreado que está tirado en la cuneta, pero, de alguna manera, no podemos hacer que nos desviemos en nuestro día ocupado para ayudar a alguien cuyo problema no es nuestro problema.

Muy frecuentemente ignoramos a la gente que desesperadamente necesita ayuda. Todos los días vemos gente que está sufriendo. Vivimos en un mundo cargado de masacres relacionales, financieras, personales y espirituales, aun así, somos aptos para olvidar, a la hora del almuerzo, todo el dolor que vimos en la mañana en los ojos de la gente del trabajo o de la escuela. Rara vez dejamos que el dolor de otros irrumpa en nuestro mundo cuidadosamente protegido y cómodo. Generalmente, no somos muy compasivos y, aun cuando lo somos, rara vez dejamos que nuestra compasión se desarrolle a la acción. Es posible que lleguemos a un punto de interesarnos por alguien, pero rara vez nos interesamos lo suficiente como para ensuciarnos las manos.

Ocasionalmente sentimos que la vida nos ha golpeado y esperamos recibir compasión cuando nos sentimos así. Entonces, ¿por qué tan fácilmente nos desconectamos de la gente que sufre, con la que nos tropezamos y necesita compasión inmediatamente?

La voluntad de arreglar el problema

La compasión comienza con la empatía.

Cuando no somos compasivos para la misión de Dios y no somos compasivos ante la condición difícil de otros, el problema generalmente es nuestra falta de empatía. La empatía es la capacidad de identificarse con, entender y hasta sentir, el dolor o la dificultad de otra persona. La empatía suaviza nuestros corazones endurecidos y nos mueve a entrar a la vida de la gente que está batallando con dolor o dificultad.

La empatía ve a un indigente e imagina dormir en la calle una fría noche de invierno. La empatía siente el vacío de alguien que busca toda su vida a Jesucristo, pero nunca tiene la oportunidad de encontrarlo. La empatía llora con los que están llorando y sufre con los que están sufriendo. La empatía suaviza nuestros duros corazones.

Cuando decidimos sentir empatía por otros, nos ponemos en sus zapatos, metemos sus sentimientos a nuestra experiencia y hacemos viaje emocional incómodo hacia su situación. La empatía toma la herramienta de nuestra imaginación y la usa en compasión. Nos faculta para entrar al dolor, problemas o dificultades de alguien más.

He descubierto que la empatía es difícil de desarrollar, pero está entre las características más importantes de la gente que honestamente vive de acuerdo a lo que cree, y frecuentemente es la chispa que inicia el fuego de la misión en los corazones de los creyentes.

Como el fuego, hay que atender la empatía con mucho cuidado. Hay que atizarla regularmente. De lo contrario, el fuego de la compasión menguará lentamente. Si sucede, nuestro corazón comenzará a endurecerse como la parafina de una candela apagada. Pronto volveremos a tener un exterior endurecido y difícilmente nos percataremos de la gente que está respirando con dificultad.

Después de caminar por donde hay muchísimos indigentes en ciudades metropolitanas y de presenciar la pobreza en algunos de los lugares menos privilegiados, después de enterarme de las pérdidas de amigos y seres queridos, después de presenciar las lágrimas de fracasos públicos y después de sobreponerme a la combinación diaria de crisis personales que llegan a mi buzón, creo que este sigue siendo mi desafío más grande. Tengo que llegar a ser y permanecer sensible a las necesidades de otros. Si no lo hago, mi fe nunca afectará al mundo.

Aprendizaje de empatía en la aldea del Dalai Lama

En un viaje de 21 días por el norte de India, descubrí el poder de la empatía. Por encima de todo, la India es *religiosa*. Por mucho tiempo se le ha llamado el museo mundial de religiones, una designación apropiada. La nación vibra de devoción religiosa.

La India ostenta las raíces históricas de por lo menos tres de las doce religiones más importantes del mundo. Casi cada camino está rodeado de templos, y una caminata por las calles de una típica ciudad del norte de la India se acompaña de un coro de campanas que suenan para despertar a los dioses hindúes, de los *mantras* de los monjes budistas y de los llamados musulmanes a la oración. Podrías tropezarte con *sikhs*, con sus turbantes populares y sus barbas, o podrías ver a las totalmente cubiertas esposas de los musulmanes *sunitas*. Una vez me topé con un desfile de serpentinas, con gente elegantemente vestida y sus elefantes y camellos, que celebraban la devoción de un sacerdote que había pasado toda su vida desnudo.

Ir a la India es un viaje en mucho más de un sentido.

Mucho de mi trabajo académico ha sido en religión, por lo que la India ha sido uno de mis laboratorios. También fue como un segundo hogar para mí durante la universidad. El escritor Mark Twain tuvo que haber sentido lo que yo sentí en India cuando escribió que el país "tiene dos mil millones de dioses y los adora a todos", y que "en religión, todos los demás países son pobres;

India es el único millonario."'Esta ocasión en particular, estaba en la esquina norte del país, donde el extremo de la nación colisiona con Nepal y China, en las montañas Himalayas. Los picos imponentes cubiertos de nieve deslumbran en las ciudades que se aprietan en los valles. Estas son las montañas más altas del mundo y son tan intimidantes como podrías imaginarlo. Hacen que las creaciones más grandes de los hombres parezcan juguetes de niños. Son imágenes de la autoridad imponente, por excelencia.

Precisamente en la orilla occidental de algunas de estas torres coronadas de nieve está la aldea de McLeod Ganj. La aldea tambalea en el pico de una pequeña montaña, con los Himalaya a un lado, y una caída abrupta hacia un valle al otro lado. Sus edificios parecen casi listos para derrumbarse y rodar hacia el valle de abajo. Parece estar encaramada en una punta de alfiler.

Estar allí es como visitar otro planeta. Las calles antiguas de la ciudad siempre están llenas de actividad. El lugar está lleno a rebosar de gente exótica; tibetanos exilados, indios tradicionales y nómadas occidentales que deambulan por la tierra en búsquedas espirituales. Los exilados tibetanos son principalmente monjes, adornados con sus túnicas color vino y sus cabezas afeitadas. Las mujeres indias tradicionales usan sus *saris* y *punjabis* de colores brillantes y los nómadas occidentales usan sus camisas desteñidas, con su leve olor a cierta clase de hoja que han fumado.

Como el resto de India, McLeod Ganj es un lugar multisensorial. Las banderas de oración tibetanas ondeaban sin cesar a lo largo de las montañosas calles estrechas de la ciudad. Los monjes que meditan cantan himnos misteriosos que se derraman de las ventanas de los monasterios y hacen eco en el viento. Los leprosos de la ciudad, obligados a convertirse en mendigos profesionales, rodean las calles. La mayoría de la gente que viven en McLeod Ganj fue atraída a la ciudad por su más famoso residente, el Dalai Lama.

El Dalai Lama llegó a McLeod Ganj en 1959, por invitación del primer ministro de la India, Jawaharlal Nehru. Desde entonces, el gobierno tibetano del Lama ha funcionado en el exilio, al final de un camino largo y tortuoso en la cima de esta montaña. Desde que llegó, la ciudad ha atraído a cientos de tibetanos que, por escaso margen, escaparon de persecución y angustiosamente huyeron de China, a través de un viaje de 40 días por un paso montañoso nevado.

Conocí toda clase de gente interesante en McLeod Ganj. Quizás la más inusual fue una mujer británica que, al igual que yo, había viajado a la India por curiosidad. Llegó específicamente a visitar al Dalai Lama. Cuando estaba allí, se convirtió al budismo, decidió que su lugar estaba al servicio del Dalai Lama y escribió a su esposo para informarle que ahora estaban divorciados. Nunca se fue. Cuando la conocí, tenía veinte años de estar en la aldea como monje ordenada. Le pregunté acerca de su progreso hacia la iluminación. Respondió: "Es más difícil ahora que al principio. Creo que tardaré unas cuantas vidas más." Desafortunadamente.

Por qué mi viaje se convirtió en un peregrinaje

Allí estaba yo en la cima de una montaña, en un mar de banderas de oración que ondeaban, monjes que meditaban y leprosos a mis pies que me pedían dinero. Hacer el viaje allí fue algo muy típico de una persona demasiado entusiasta de veintitantos años. No tenía idea de lo que estaba haciendo, ni de lo que me esperaba. Sólo tuve la excelente idea de visitar la ciudad del Dalai Lama.

Tenía curiosidad. Convencí a un amigo que fuera conmigo, así que tomamos un avión para la India con nuestra guía turística confiable. Unos días más tarde, después de un desafiante trayecto en auto, llegamos a la aldea del Dalai Lama. No teníamos ningún plan ni hotel; sólo un puñado de buenas intenciones y la esperanza de que aprenderíamos algo y que sobreviviríamos.

Por fuera, me parecía totalmente confiado y aventurero. Pero por dentro, me preguntaba en qué lío me había metido. En la primera noche de nuestro viaje, me desperté desfasado por el cambio de horario y consumido por el calor abrasador del verano en la India. Fui al baño, me senté en el suelo y tuve una crisis menor. No podía creer que había viajado tanto solamente por curiosidad, y estaba ansioso y nervioso por toda la experiencia. Estaba contento de haber llevado a un amigo conmigo. Si las cosas salían mal, ¡por lo menos tendría un testigo!

Mientras tanto, Dios estaba organizando un encuentro que totalmente cambiaría mi vida. Dios en realidad obra de maneras extrañas y misteriosas. En este caso, tenía una lección para mí, cuidadosamente disfrazada de una conversación con un musulmán nominal de veintitantos años, que vivía en esta ciudad budista. Esta conversación produjo un cambio drástico en la forma en que percibía mi vida, el mundo y la misión de Dios.

Amrit

Los musulmanes mantenían unida a la aldea destartalada de McLeod Ganj. Dirigían la mayoría de las tiendas, muchos de los restaurantes y algunos de los hoteles. India cuenta con la segunda población más grande de musulmanes, así que esto no fue sorprendente. Cada ciudad importante tiene docenas de mezquitas y los llamados a la oración antes del amanecer frecuentemente penetran en la tranquilidad de la noche.

Da la casualidad que los musulmanes tienen bastante inteligencia para los negocios. Amrit estaba entre los menos fieles musulmanes de McLeod Ganj, pero era uno de los más emprendedores. Era una clase de musulmán de MTV, que estaba culturalmente relacionado con el islam, pero que también le gustaba bailar con el diablo. Oraba mucho el viernes, después de divertirse mucho el jueves, y le gustaba el sermón del Imán, tanto como hacer el amor con turistas europeas. Cuando lo conocí, creo que tenía alrededor de 22 años y estaba hastiado. Creo que por eso es que inmediatamente encajamos.

Entré corriendo a la tienda de Amrit en busca de refugio cuando una tormenta torrencial inesperadamente empezó. Amablemente me invitó a secarme adentro y me ofreció una taza de humeante té de hierbabuena. Nos sentamos y hablamos por más de una hora. Nuestra conversación estuvo acompañada del sonido de un monzón, que irrumpió afuera de la tela colgante que servía como puerta hechiza de su negocio, al lado de la calle.

Te vuelve tan insensible

Al principio, Amrit fue muy reservado. Se le había indoctrinado muy bien con una imagen de caricatura de los estadounidenses y sus opiniones caricaturizadas de los musulmanes, pero con el tiempo se dio cuenta de que yo no era como los estadounidenses de los que había oído. Siempre me ha gustado hablar con musulmanes y especialmente admiro su celosa atención a la hospitalidad. Me ha caído bien la mayoría de los musulmanes que he conocido alrededor del mundo. Tal vez por eso es que han pasado por alto sus propios prejuicios y se han arriesgado a confiar en mí. Eso es lo que pasó con Amrit. Me cayó bien y él comenzó a confiar en mí.

Bebimos más té, la lluvia caía y una amistad surgió. Pronto me había abierto su vida. Supe que Amrit había crecido en la preciosa región, aunque golpeada por la guerra, de Cachemira. Me contó que más de 50,000 personas habían sido asesinadas allí, en escaramuzas entre musulmanes e hindúes, por lo que su familia había trasladado su tienda de Cachemira a McLeod Ganj. La industria turística de Cachemira, que una vez fuera lucrativa, había disminuido por las explosiones de bombas y tiroteos callejeros y esperaban reconstruir su negocio en otra ciudad.

La apertura y sinceridad de Amrit me sorprendió. Me trató como un amigo de toda la vida. Con el tiempo, con algo de inquietud, perdí el miedo de hacerle una pregunta arriesgada a mi nuevo amigo musulmán: "Amrit, he oído de bombas que estallan en Cachemira y de tiroteos en las calles. ¿Alguna vez has presenciado algo de esto?"

La cara de Amrit cambió inmediatamente. Yo había desencadenado algo en su psique, algo que había estado reprimido por mucho tiempo y rara vez revelaba. La sangre se escurrió de su oscura cara india. No estaba enojado; estaba muy, muy afligido.

Amrit comenzó a contarme de los miembros de su familia que habían sido asesinados en la violencia, de los horrores de su niñez al oír disparos en las calles, y de dos familiares cercanos que habían muerto, simplemente porque estaban en el lugar equivocado a la hora equivocada. De repente me di cuenta que estaba sentado con un sobreviviente civil de la guerra. Mi amigo de corazón dulce y hospitalario había crecido en el infierno. Su niñez había sido horrible. Todo el dolor que había experimentado parecía tan pequeño mientras lo escuchaba, y lentamente percibí que me estaba preguntando cómo habría sido vivir su vida. Casi accidentalmente, estaba adoptando empatía.

El ruido de la tormenta afuera a veces hacía difícil poder hablar. Las nubes estaban golpeando la tierra con flechas de lluvia y cada gota creaba una salpicadura de quince centímetros de alto. Esta escena parecía casi apocalíptica. Amrit levantó su mano y señaló la lluvia y dijo algo que quedó grabado en mi corazón y me persigue hasta este día. "Johnnie, sólo cuando llovía así se quitó la sangre de las calles."

Empuñó la mano derecha y se golpeó el pecho justo arriba del corazón tres veces. "Te pone tan insensible, tan insensible... simplemente te vuelve muy insensible."

Terminamos nuestro té. La lluvia se detuvo. Volví a mi habitación del hotel y lloré.

Empatía con el terrorismo

Al día siguiente, Amrit me dijo que ya no era muy religioso. Pasaba casi cada noche emborrachándose en un bar local o durmiendo con alguna turista (excepto el viernes, cuando iba a la mezquita). Amrit apagó el dolor de su niñez alejándose de Dios y adoptando el placer.

Más tarde comencé a pensar más en la decisión de Amrit de convertirse en un musulmán liberal. Me di cuenta de que simplemente podría haber sido de otra manera. En lugar de perder su devoción a su fe, después de haber quedado tan destrozado emocionalmente, podría haber llegado a ser radical. En lugar de huir de su dolor y de suprimir su dolor con placer, su dolor pudo haber alimentado un deseo de venganza y una disposición de luchar a morir por venganza. Amrit pudo haberse convertido en terrorista, así de fácil como se había convertido en un hedonista.

El terrorismo islámico frecuentemente es un coctel de propaganda extremista, mezclado con dolor personal supurante. Al sazonar estas mezclas con un toque de venganza se crea una pócima peligrosamente volátil. Así es como la gente sensible es persuadida a involucrarse en un *yihad*. En una situación ligeramente distinta, Amrit pudo haber respondido a su desesperanza convirtiéndose en un terrorista suicida. La vida a veces toma decisiones por ti, y si algunos escenarios de la vida de Amrit hubieran resultado de manera distinta, quién sabe en qué se habría convertido.

Mi conversación con Amrit me afectó profundamente de varias maneras. Me atrajo a su experiencia y me ayudó a entender y a sentir cómo tuvo que haber sido la vida para él cuando era niño. Mientras hablábamos, la empatía surgió en mi corazón.

Amrit me cayó bien. Tenía mi edad. Era inteligente. Era un trabajador arduo que había sido golpeado por la vida y que tenía muchos problemas, pero que estaba haciendo mucho esfuerzo para sacar lo mejor de esta situación.

Cuando me reveló su dolor enmascarado, comencé a preguntarme cómo habría reaccionado si hubiera experimentado la misma niñez. ¿Cómo habría respondido si repetidas veces un profundo sueño me hubiera sobresaltado con balas que vuelan en las calles afuera de mi casa? ¿Qué habría pensado acerca de Dios, del mundo o de mis enemigos si hubiera asistido a los innecesarios funerales de gente que amaba?

De alguna manera, pude poner sobre mis hombros los sentimientos de Amrit. Mi imaginación hizo un puente desde mi puente a su realidad, e hizo surgir profundas y penetrantes preguntas. Mientras más preguntas me hacía, más me sentía humillado por mis propias debilidades, y más sentía la carga por ayudar a gente como Amrit, a quien le habían repartido muchas cosas difíciles en la vida.

Si hubiera soportado ese sufrimiento y horror, ¿habría llegado a ser hedonista, tratando desesperadamente de enterrar mi dolor con placer? ¿Me habría convertido en un hombre endurecido y enojado, perseguido por hambre de sangre y decidido a vengar el honor de mi familia? ¿Quién sabe qué habría ocurrido? ¿Quién podría ser ahora si hubiera sido testigo presencial de una película de horror en la vida real? ¿Podría haber sido un asesino? ¿Habría tenido la resistencia de vivir con este peso en mis hombros?

Un hombre como Amrit todavía puede imaginar la sangre de su papá o mamá salpicada en su propia ropa. Puede temer dormirse porque lo persiguen las pesadillas de bombas estallando, de balas volando y de sus seres queridos dando sus últimos gritos. Millones de huérfanos en países como Ruanda y Bosnia, Irak y Camboya solamente tienen un recuerdo de sus padres, del día que murieron. Los cristianos deberían interesarse profundamente por esta gente porque solamente la gracia de Dios permitió que algunos de nosotros siguiéramos un sendero distinto. Tal vez lo hizo por una razón; para que pudiéramos llevar a gente como Amrit al Príncipe de Paz.

La comodidad mata a la empatía, pero la empatía despierta a la compasión

La empatía es especialmente difícil para los estadounidenses. Vivimos en lo que John Piper llama la Disneylandia del mundo, y no podemos imaginar el sufrimiento que algunas personas soportan. Nuestra comodidad y riqueza nos han cantado para que nos durmamos. La mayoría de nosotros somos inconscientes de muchos de los problemas más terribles del mundo.

Nuestra gente más pobre está entre la más rica del mundo, y nuestra clase media es fanáticamente rica, comparada con las clases altas de muchas naciones en desarrollo. Tenemos una baja tolerancia para el sufrimiento y difícilmente podemos imaginar el dolor que otra gente soporta. Si no nos detenemos a imaginar, a tener empatía y a interesarnos, nunca podremos estar dispuestos a ayudar a los que más nos necesitan. En lugar de eso, seguiremos estando cómodos en nuestro narcisismo, construiremos nuestros castillos de cartón y dejaremos nuestro mundo sin la contribución que pudimos haber hecho.

Jesús no nos salvó para que pudiéramos amontonar todas sus bendiciones. Nos salvó para enviarnos como mensajeros a la gente del mundo que desesperadamente lo necesita. La pasión por esta misión, por su misión, comienza con compasión por los demás.

Esta mañana ya comí en un restaurante y me senté a escribir en una pequeña cafetería popular, en una parte exclusiva de mi ciudad. He tratado de escuchar las conversaciones a mi alrededor. He tratado de imaginar los sentimientos que están unidos a las palabras y a las circunstancias. La experiencia me ha afectado profundamente.

He escuchado a un par de madres frustradas hablar de los contratiempos de sus hijos. He escuchado a un papá gritar furiosamente a su hijo pequeño por subirse a la silla que tengo a mi lado, y miré a una esposa descansar su cabeza en el pecho de su esposo indiferente.

He tratado de no oír las palabras de la gente y de no ver su comportamiento. En lugar de eso, he practicado escuchar a sus corazones. Me detuve para preguntarme qué estarían pensando y qué sufrimiento podrían estar experimentando. He tratado de sentir empatía. Y ahora soy mejor por eso.

Este experimento ha activado los ojos y oídos de mi corazón. He bajado la guardia y he permitido que la compasión influya mis pensamientos. Cuando dejo circular libremente la compasión en mi interior endurecido, de repente me siento impulsado a ayudar genuinamente a la gente.

La compasión es como el agua para un corazón deshidratado y duro. Es medicina para el alma.
Todos necesitan compasión.

Al final, me encantó la ciudad de McLeod Ganj, por la lección que marcó en mi corazón. Me enseñó la empatía y la compasión. Me sentí en casa con vagabundos que estaban buscando más de la vida. Fue un lugar perfecto para un misionero y para un buscador. Ahora me doy cuenta de que yo era ambas cosas. En mi búsqueda, encontré la verdad que me ha hecho un mejor misionero. En la irónica soberanía de Dios, aprendí esta sencilla lección de la historia de un joven musulmán: La empatía cataliza a la compasión, y la compasión faculta a una persona para cambiar el mundo.

CALLOS SAGRADOS
CÓMO VER EL TRABAJO COMO ALGO DIVINO

A mi esposa y a mí nos gustan las caminatas nocturnas. Vivimos en un valle bello, en el centro de Virginia, donde el atardecer transforma el cielo en una obra de arte. Los esfuerzos más creativos del hombre todavía no han duplicado la belleza de los diez mil tonos distintos del cielo nocturno de Dios. Frecuentemente, tenemos un asiento en primera fila para esta exhibición. Cuando somos especialmente afortunados, tenemos un vistazo de una de estas exhibiciones de belleza pura durante una de nuestras caminatas nocturnas. Nos recuerda que Dios es lo suficientemente grande como para cuidar de nosotros, y nos sentimos envueltos y pequeños, de una manera segura. Dios reorienta nuestra percepción de los problemas de la vida al extender su paño gigante en frente de nosotros y al permitirnos observar maravillados. Pensamos que no cabe duda que si se interesa lo suficiente como para lanzar esa belleza en el cielo, también se interesa por nosotros.

Caminamos solos para pasar un rato juntos. Reímos y hablamos de cualquier cosa que tengamos en mente, y admiramos las vistas como si fuéramos caminando en una galería. De alguna manera, cada vez vemos algo distinto. Hacemos hipótesis de quién vivirá en ciertas casas, observamos cuando alguien planta flores nuevas y mantenemos una lista mental de las ideas que podríamos sacar de las propiedades de los vecinos, mientras imaginamos la casa de nuestros sueños.

Supongo que también estamos involucrados en alguna clase de ejercicio físico mínimo mientras caminamos por el vecindario, pero esa no es nuestra meta principal (a menos que me haya comido mi décimo séptimo pastelillo en la semana y me esté sintiendo un poco culpable).

Cada caminata generalmente es igual, pero en una noche en particular, tuvimos una interrupción inusual. Observamos barullo adelante, al llegar a una esquina. Unos niños saltaban en la acera, jugando y riéndose. Al acercarnos, un niñito que probablemente tenía cuatro años, se paró en medio de la acera, obviamente bloqueando nuestro paso. Yo esperaba que un montón de niños mutantes camuflados saltaran de los arbustos y nos golpearan con globos de agua. Decidí que si lo hacían, defendería el honor de mi familia. Tomaría a cada niño con mis brazos de titán y los amenazaría con dárselos a los cerdos salvajes como comida si alguna vez volvían a atacarnos.

Los niños en estos días son un poco más horrendos que cuando yo era un pequeño mutante. Se parecen a los artistas como Justin Bieber y Miley Cyrus, y saben cómo piratear nuestras computadoras y sabotear nuestras vidas digitales. Lo mejor que podía hacer como un niño malcriado era mostrarle la lengua a los adultos que no me caían bien. Ahora, los niños pueden robar tu identidad, vaciar tu cuenta bancaria para dulces y sabotear tu página de Facebook. ¡Son despiadados! ¡No iba a arriesgarme!

Mi fantasía se interrumpió cuando el niñito que estaba en medio de la acera abrió su boca y me preguntó con un grito impúber: "¿Le gustaría comprar un poco de limonada?"

Gracias a Dios. No habría ningún ataque. Le respondí: "Lo siento, pequeñito, pero no tenemos dinero."

No estoy seguro de que supiera qué era el dinero. Vio a su hermanita que estaba parada por ahí y dijo: "Está bien. Cualquier cantidad de dinero estará bien. Pero si es un chico, entonces son dos dólares."

Traté de no sentirme ofendido mientras intentaba de determinar si esta pequeña feminista estaba hablando con mi esposa, o si en realidad pensó que yo parecía una chica. Casi decidí seguir adelante, proseguir con la defensa del honor de mi familia y asustarlos hasta que lloraran pero, precisamente entonces, dijo: "Está bien, si eres un chico adulto, solamente serán cincuenta centavos. Son dos dólares para los niños varones."

Así que en realidad estaba discriminando a su hermano, que seguramente la aterrorizaba. Pero yo tenía una fuerte sospecha de que ella podía defenderse sola.

Finalmente, nos ofrecieron la limonada sin costo, después de explicar que había dos clases de limonada disponible. La mamá de los niños hacía una y la otra era de una tienda de abarrotes. El niño nos dio un consejo: "La de la tienda es mejor."

El trabajo está en tu ADN

Casi todos los niños intentan ser empresarios. Es algo que tienen dentro de sí, como si hubieran sido hechos para eso. Todos tienen su etapa de "venta de limonada" y de vender un producto barato, de puerta en puerta, a un mercado tan amplio como sea posible y con un mínimo mercadeo. La mayoría de los chicos fracasa, pero, de alguna manera, no pierde su voluntad de mezclar más limonada, de poner más letreros al lado del camino y tienen éxito con el negocio.

Yo también intenté vender limonada una vez, pero no generé ganancias suficientes para comprar el nuevo sistema de juego que quería. Así que dejé que mi negocio en bancarrota tuviera una muerte vergonzosa y comencé a hacer trucos de magia y animales de globos. El negocio era mucho menos elegante pero mucho más lucrativo. A veces ganaba lo suficiente como para comprarme mi almuerzo.

¿Por qué hacemos animales de globos y ponemos ventas de limonada? Es sencillo. Los humanos, de alguna manera, estamos inclinados al trabajo.

Una vez convencí a mis padres para que me dejaran tener una venta de patio. Vendí todo lo que ya no quería, o lo que no quería tanto como un nuevo sistema de juegos. Al final, gané más de $200. Todavía puedo recordar la satisfacción personal de comprar mi propio juguete con mi propio dinero, que me había ganado con mi propio esfuerzo. Para mí, ganar $200 era el equivalente a ganarme un millón. ¡Era rico!

Esta experiencia casi universal no es casual. Casi antes de que se secara el polvo que Dios usó para hacer Adán, Dios le dio a Adán un trabajo. Dios le dio la tarea de cuidar del huerto y de ponerle nombre a los animales. El mismo Dios se nos presenta como trabajador desde el primer capítulo de la Biblia. Está imaginando, construyendo, reparando y redimiendo a la sociedad, y siempre está organizando el tiempo y la historia según el resultado que tiene proyectado.

Tanto Dios como el hombre siempre han trabajado. Siempre han estado ocupados con algo.

El Nuevo Testamento también hace énfasis en la importancia y dignidad del trabajo. El apóstol Pablo frecuentemente habló de la responsabilidad del hombre de arremangarse, de desempolvar sus herramientas y de ponerse a trabajar. Le escribe a una iglesia en Grecia, que estaba batallando con su ética de trabajo: "Si alguno no quiere trabajar, tampoco coma"[1]. Pablo lo intensificó aun más cuando escribió a su protegido, Timoteo: "Porque si alguno no provee para los suyos, y mayormente para los de su casa, ha negado la fe, y es peor que un incrédulo."[2] La iglesia primitiva tenía algunas personas inactivas que eran muy religiosas, pero también muy haraganas. Honestamente, la situación no ha cambiado tanto ahora. Cuando no logramos vivir de acuerdo a lo que decimos que creemos, frecuentemente es porque sencillamente no trabajamos en eso.

Y a veces usamos nuestra fe en Dios como excusa para nuestra inactividad. Esperamos que Dios se encargue de lo que nos interesa, o esperamos que alguien más lo haga, pero rara vez decidimos arremangarnos, adquirir callos en nuestras manos y sudor en nuestra frente.

Oración y trabajo

Los cristianos viven con tensión. Por un lado está el control soberano de Dios sobre el universo. Por otro lado está la responsabilidad de los cristianos de participar activamente con él, mientras establece su reino en la tierra.

Algunos cristianos tienen una opinión exagerada del control soberano de Dios sobre la tierra. Asumen que Dios ha determinado todo y que simplemente estamos aquí como observadores. Al otro lado del espectro, algunos cristianos creen que Dios depende totalmente de nuestro trabajo para cumplir su voluntad. La posición correcta está en alguna parte entre las dos.

Un misionero pionero llamado Guillermo Carey escribió algo que en realidad me ayuda a entender el equilibrio entre mi trabajo y el trabajo de Dios en el mundo: "Deberíamos trabajar como si todo dependiera de nosotros y orar como si todo dependiera de Dios." Creo que es un buen consejo.

Mucha gente está profundamente cargada con los problemas del mundo o de sus vidas y está esperando que Dios o alguien más haga algo por ellos. ¿Podría Dios estar permitiendo que estemos cargados o frustrados por algo porque quiere que seamos agentes de cambio en las cosas que nos apasionan y preocupan tanto?

A veces, Dios permite que estemos frustrados con el *status quo*, frustrados con alguna injusticia, o frustrados con nuestra situación en la vida. En tanto que esperamos que alguien más haga algo, probablemente él se pregunta por qué no estamos respondiendo a su llamado para que actuemos. Frecuentemente somos la respuesta de Dios para nuestra mayor carga, y nuestra frustración es realmente la manera que Dios usa para hacernos actuar. Es Dios que nos está diciendo: "¡Ponte a trabajar y cambia esto!"

Influye en lo que puedes controlar

Pablo escribió a una de sus iglesias favoritas: "Ocupaos en vuestra salvación."[3] Pablo sabía que esta gente nunca llegaría a ser sana espiritualmente si no decidía arremangarse y comenzar a trabajar en las partes de su vida que no eran agradables a Dios. Estaba diciéndoles a sus amigos: "Tienen que trabajar en su vida espiritual." Estaba diciéndoles: "Si quieren desarrollar su fe, a veces tienen que tomar un martillo, un poco de madera y clavos y ponerse a renovar." Lo mismo es cierto cuando observamos lo que está roto en este mundo. Cuando estamos orando, orando y orando, Dios está buscando gente que esté dispuesta a poner mano a la obra. En lugar de eso, frecuentemente esperamos que Dios haga todo el trabajo por nosotros. Esperamos que haga que los problemas más grandes del mundo desaparezcan, así como esperamos que automáticamente nos transforme en la gente que queremos ser.

Aprende a trabajar otra vez

Una de las razones principales por las que fracasamos al trabajar en la misión de Dios es que simplemente no trabajamos bien. Somos empleados indiferentes; no nos ezforzamos para mantener nuestras relaciones saludables; somos estudiantes que dejamos todo para después... rara vez nos esforzamos en algo, a menos que obtengamos grandes recompensas a cambio. No me sorprende que no nos esforcemos tanto en la misión de Dios, si tampoco nos esforzamos tanto en otras partes de nuestra vida.

A veces nos inclinamos por la holgazanería. Suelo pensar que mis propias temporadas de haraganería no le afectan a nadie, más que a mí; pero la holgazanería en realidad priva al mundo de la contribución que podría haber hecho, la contribución que Dios quería que yo hiciera.

Hay tantas cosas de la vida que no puedo controlar. No puedo controlar mucho de mis talentos naturales y crear nuevos es casi imposible. De hecho, cada vez me doy más cuenta de que no puedo controlar mucho de mi propia historia de mi vida, ni las consecuencias de algunas de las situaciones de la vida.

Pero puedo determinar lo mucho que estoy dispuesto a esforzarme cuando tengo la oportunidad de trabajar. Ya sea que sea el vicepresidente de una compañía de éxito, o un aprendiz que carga papeles, tengo que trabajar duro. El apóstol Pablo escribió: "Y todo lo que hagáis, hacedlo de corazón."[4] Me encanta lo que Madeleine L'Engle dijo: "La inspiración generalmente llega durante el trabajo, y no antes de él."

De hecho, esta es una de las razones por las que el apóstol Pablo pudo hacer tanto en su vida para la gloria de Dios; simplemente fue un buen trabajador. Tal vez es el misionero más famoso de la historia, pero también fue un fabricante de carpas de medio tiempo y un erudito bien entrenado. Una vez fue un enemigo decidido y esforzado de los cristianos, que iba de un lugar a otro buscando a los que pudiera humillar públicamente y finalmente matar. Cualquier cosa que Pablo hiciera, la hacía con todo su corazón. No hacía nada con indiferencia.

Naturalmente, Pablo también trabajó mucho por Jesús. Después de su conversión milagrosa, Pablo viajó a la mayor parte de las ciudades pobladas del imperio romano a pie, en embarcaciones y en caravanas, y soportó toda clase de dificultades en el camino. Fue encarcelado en múltiples ocasiones y golpeado tantas veces que perdió la cuenta. Quedó varado en el Mar Mediterráneo toda una noche después de un naufragio, soportó otros dos naufragios y una serpiente venenosa lo mordió. Pablo sabía lo que era no tener comida y temblar toda la noche sin ropa ni refugio en la celda de una prisión.

A veces estaba incómodo con su responsabilidad de líder de las iglesias recientes, y abiertamente expresó un sentimiento de ineptitud que plagó mucho de su vida y ministerio. De hecho, en una carta Pablo confesó lo cobarde que podía ser cuando hablaba con la gente cara a cara. Dijo que por eso es que decidió ser tan polémico en sus cartas. Tenía que decir cosas que no tenía el valor de decir cara a cara. En su primera carta a la iglesia de Corinto, Pablo confesó que era un orador nervioso y nominal que desesperadamente confiaba en Dios cuando predicaba o enseñaba en público. ¡Pablo podría haber sido la clase de orador que se enferma un poco del estómago antes de pararse en frente de una gran multitud!

A pesar de estas limitaciones y de la debilidad personal, ¡Pablo literalmente cambió el mundo de su generación! ¿Por qué? Dos cosas separaban a Pablo de muchos de sus contemporáneos: su determinación y su ética de trabajo.

Estuvo dispuesto a aguantar noches sin dormir, golpes repetidos y la vergüenza del menosprecio público. De hecho, estuvo dispuesto a soportar casi cualquier cosa para hacer lo que se suponía que debía hacer. Pablo tenía callos en sus manos por hacer carpas y cicatrices en su espalda por predicar en las calles. No se avergonzaba de esas cicatrices. De hecho, orgullosamente las usaba como evidencia de su compromiso con Jesús, sabiendo que eran el precio que tuvo que pagar por el progreso de su misión. A pesar de todos sus retos, Pablo decidió seguir trabajando, y puso sus manos y su corazón en eso.

En una ocasión, cuando Pablo estaba escribiendo acerca de su ineptitud, se llamó a sí mismo el menor de los apóstoles.[5] Esta fue una declaración humilde del hombre que fue el más responsable de propagar el evangelio en el mundo durante su vida. Luego hizo otra declaración extraordinaria, en la que se distingue de todos los demás seguidores de Jesús: "Pero por la gracia de Dios soy lo que soy; y su gracia no ha sido en vano para conmigo, antes he trabajado más que todos ellos [los otros apóstoles]."[6] Pablo sabía que había trabajado duro, y esa fue su satisfacción. Es posible que no haya logrado todas sus metas, pero había hecho lo mejor posible. Tenía menos talentos que algunos y había soportado un camino más difícil, pero no se lamentaba. Dejó todo en el campo, se consumió, peleó la buena batalla, se levantó cuando lo derrumbaron y corrió cuando creía que no podía gatear a la meta.

Pablo sabía que no podía elegir sus dones y talentos, ni controlar todas las circunstancias de su vida, pero podía determinar cuánta energía dedicarle a su misión. Decidió darlo todo por todo lo que hizo y el mundo es mejor por eso. Habló de su propia experiencia cuando escribió: "Si, pues, coméis o bebéis, o hacéis otra cosa, hacedlo todo para la gloria de Dios."[7]Ahora Pablo podría decir: "Ya sea que seas el vicepresidente de una compañía de éxito o un voluntario, tu ética de trabajo debería ser consistente. Da todo lo que puedas en todo lo que hagas, y luego pon un poco más."

Manos suaves y un corazón duro

Muchos cristianos confunden su corazón con sus manos. En lugar de tener corazones suaves y manos endurecidas, tienen manos suaves y corazones duros. En lugar de sentir algo profundo por la gente que sufre y de trabajar duro por el bien de los demás, son fríos con las necesidades de los demás y no han encontrado el valor de un buen trabajo difícil.

Esto es especialmente cierto en mi generación. Según un estudio importante, la mía es la primera generación que no incluye nuestra ética de trabajo entre nuestras cinco características principales. De alguna manera, perdimos nuestro sentido del esfuerzo, y si no lo encontramos, le robaremos al mundo la contribución que teníamos que hacer.

Probablemente todos podemos poner un poco más de esfuerzo en todo lo que hacemos. Necesitamos recuperar de nuestra niñez la fascinación que alguna vez tuvimos al vender limonada, al cortar el césped y al poner una tienda. Tenemos que volver a aprender a poner un poco de sangre, sudor y lágrimas a algo. Y deberíamos seguir desarrollando esa actitud cuando nos comprometemos con la misión de Dios por el resto de nuestra vida.

Al final, nuestro trabajo no es solamente trabajo. Produce en nuestra vida la encarnación del gozo.

Algún día, mirarás hacia abajo y encontrarás un poco de suciedad en tus manos, porque lograste algo por lo que oraste tanto tiempo que alguien más hiciera. ¿Puedes imaginar lo que sucedería si los cristianos comenzaran a hacer lo que esperan que otros hagan? Los huérfanos tendrían padres, los esclavos del sexo serían liberados, los solitarios tendrían amigos, los pobres tendrían comida y el futuro sería brillante para muchos más. Y más que nada, si los cristianos en realidad comenzaran a trabajar, el mundo pronto sería redimido. El planeta vibraría de alabanza a Jesús desde Irán hasta la China, desde la Meca hasta Varanasi, de un grupo étnico a otro y de un continente a otro.

Hay suficientes de nosotros en el mundo para cambiar las cosas si sencillamente nos alejamos de nuestra indiferencia y decidimos tomar parte en el asunto.

[EN CUANTO AL DESAFÍO DE LOS LEONES]
CONSIDERA QUE JESÚS VALE LA PENA TU VIDA Y TU MUERTE

[14]

Estar donde los mártires han muerto es algo parecido a la experiencia de tu primer beso. Te deja con un recuerdo inolvidable que se graba en alguna parte muy impresionable de tu mente. Algunos lo llaman surrealista, pero creo que esa es una descripción inadecuada. Es más cautivadora. De repente tu fe perezosa es agitada tan violentamente que casi no puedes soportarlo. Al estar parado en la arena que alguna vez estuvo manchada con la sangre de algún hermano o hermana, casi puedes oír las voces que están clamando otra vez.

La gloria de los romanos

Mi primer beso con el martirio fue en el Norte de África. Entré por una puerta imponente y caminé por las gradas estratificadas, sintiéndome como un niño en alguna expedición imaginaria. Estaba explorando un mundo desconocido, de una época desconocida, y la estaba pasando como nunca.

Cuando era niño quería ser arqueólogo. No podía imaginar una vida mejor. Podría jugar con tierra todo el día, todos los días. Exploraría y descubriría secretos nuevos y otros que anteriormente eran desconocidos para el mundo. La voz inquisidora del arqueólogo todavía estaba viva en alguna parte de mí cuando subí esas gradas. Me planteó preguntas y formuló teorías cuando me paré en la expansión de la antigua estructura romana. Estaba viviendo un sueño.

La fachada de piedra deteriorada de este coliseo romano ocultaba su gloria anterior, pero, incluso después de 2000 años de descomposición, todavía era intimidante. Cuando Roma estaba en su cúspide y el cristianismo en su niñez, este coliseo frecuentemente hospedaba 40.000 aficionados. Estaba lleno de actividades diarias y era el centro de toda la región.

Ahora está muerto, empolvado por el descuido del tiempo, pero mi imaginación ilustró los lugares que faltaban cuando estaba parado dentro del enorme complejo. Escuché las armas de los gladiadores colisionar cuando participaban en sus juegos brutales. Vi a las masas estallar de risa por las payasadas de los comediantes, y vi a los niños sentados en el regazo de sus padres, viendo asombrados a las raras y exóticas especies de animales que desfilaban en la arena. El edificio estaba agrietado, polvoriento y descompuesto, pero el espíritu festivo todavía vivía en alguna parte de la piedra. Las paredes antiguas casi tenían sus voces propias, y las fachadas descuidadas por mucho tiempo se esforzaban por hacer alarde de lo que habían visto y oído. y de la historia que habían ayudado a diseñar.

Entonces entré al sótano del coliseo. En tanto que la ferviente multitud esperaba su espectáculo, los pasillos debajo del coloso servían como áreas de organización para los competidores y las bestias. Los tragaluces crean una sensación sobrenatural en esos pasillos largos y serpentinos. Los rayos del sol, como rayos láser, penetran los pasajes negros, revelando diez mil partículas de polvo. La experiencia fue casi épica. En cualquier momento, esperaba que Frodo o Aslan surgieran de alguna esquina para llevarme en esta fantasía a un sitio más profundo.

Mientras exploraba debajo del coliseo, no podía creer la complejidad de la arquitectura y el ingenio romano. Pensaron en todo, tuvieron la habilidad para diseñarlo y la voluntad para construir lo que imaginaban. Mil quinientos años antes de que nuestra era moderna comenzara, vivieron mayormente como nosotros ahora. Tenían agua entubada y cuartos de baño higiénicos, saunas, balnearios y edificios bellos, decorados con mosaicos complejos. De hecho, muchos romanos disfrutaban de una calidad de vida que no se puede comparar con la de la mayoría de la población del mundo ahora. Eran los genios del mundo, y sus conquistadores.

Nuestro guía fue amable mientras yo lo bombardeaba con pregunta tras pregunta. Le pregunté acerca de las actividades que se llevaban a cabo en el coliseo, de los asientos para los dignatarios que visitaban y del control de la multitud. Le pregunté acerca del tamaño del estadio, de su forma y diseño arquitectónico. ¡Hasta le pregunté de los baños! Pero una pregunta pasajera inició nuestra pequeña aventura por un sendero más oscuro que terminó con un beso.

Los leones

Debajo del coliseo observé unas habitaciones rectangulares, a un nivel más bajo que el de los pasillos. Las habitaciones eran imposiblemente oscuras, casi invisibles para el ojo que no se ha ajustado. De hecho, casi ni las había visto y, al principio, supuse que no tenían ningún propósito. Pero los romanos tenían usos específicos hasta para los componentes más pequeños de los edificios, por lo que le pregunté al guía para qué eran esas habitaciones.

Respondió: "Ah... estos eran los contenedores."

¿Qué clase de respuesta era esa? "¿Y qué contenían?

"Un grupo de habitaciones tenía a los prisioneros", respondió, "y el otro grupo de habitaciones tenía a los leones."

De repente los pasillos parecieron misteriosamente tranquilos.

Luego continuó: "Los prisioneros podían oír a los leones rugiendo mientras caminaban de un lado a otro en la habitación de al lado. Y los romanos hacían aguantar hambre a los leones para garantizar un buen espectáculo. Entonces, cuando los leones hambrientos captaban el aroma de los prisioneros vecinos, sabían que ya casi era la hora de la cena. Era como una película de terror. Los leones y los prisioneros sabían lo que se avecinaba, podían oírse mutuamente, olerse y sentir la presencia mutua. Los prisioneros podían oír a los leones rugir, y los leones podían oler la comida que les esperaba y que les hacía agua la boca. Esperaban con la expectativa mutua. Unos anticipaban una inminente muerte atroz y los otros anticipaban la cena. Los estómagos de los leones gruñían y los prisioneros tenían náusea del miedo."

Entré a la habitación oscura donde tenían a los prisioneros. Hacía frío adentro. Cualquier luz que sobrara era absorbida en la pequeña caverna. Me hizo sentir claustrofóbico. La oscuridad era densa, pesada y opresiva.

"¿Qué habría hecho alguien para merecer un castigo como este?" pregunté.

"Bueno, principalmente eran asesinos y ladrones", dijo el guía, "pero a veces simplemente eran cristianos."

Beso.

Continuó: "A medida que el cristianismo se extendía, los romanos determinaron que los cristianos eran una amenaza para su seguridad nacional. Siempre temían las revueltas populistas que amenazaban la estabilidad de su imperio. El cristianismo creció rápidamente, mayormente entre los pobres y desprotegidos, por lo que los romanos se sentían amenazados por él. Todo esto se agravó con el hecho de que los cristianos frecuentemente modificaban el canto popular de 'César es señor' al declarar: 'Jesús es Señor'. Así que, finalmente, los romanos se hastiaron y decidieron torturar, encarcelar o matar a algunos de ellos, esperando silenciar el movimiento. Pero su plan no funcionó. La persecución fortaleció el compromiso de los cristianos, y el movimiento siguió creciendo."

La breve historia del guía me impactó como si hubiera sido una carga de ladrillos. De repente, mis emociones me vencieron al darme cuenta de que estaba parado en el mismo lugar donde los mártires de otra generación escucharon el rugido de los leones que estaban a la espera. Si yo hubiera vivido entonces, podría haber sido uno de ellos. Tú también. Leer este libro podría haber sido una justificación suficiente para tu encarcelamiento y ejecución.

Nerón el terrible

El emperador romano Nerón quizás fue el peor de los primeros enemigos del cristianismo. Fue un líder arrogante y sádico que asesinó a su propia madre, masacró a muchos de sus compatriotas y finalmente decapitó al apóstol Pablo.

La persecución de Nerón de los cristianos comenzó alrededor de la época en que decidió que quería construir una casa totalmente de oro puro, en el centro de Roma. Pero Nerón tenía un problema trascendental. No había ningún terreno disponible en el centro de Roma. Si Nerón quería su casa de oro, tenía que encontrar la manera de despejar un poco de espacio en el equivalente a Manhattan del mundo antiguo.

Se le ocurrió un plan siniestro. Nerón secretamente envió hombres a la media noche a incendiar partes de la ciudad, para despejar la tierra para su palacio de oro. Pagó a los hombres y los instruyó para que se aseguraran de que pareciera un incendio provocado. Nerón compensó a los dueños de negocios y casas que se habían incinerado, y tuvo el espacio que necesitaba para construir su palacio.

Pero, para disgusto de Nerón, la verdad comenzó a filtrarse en la comunidad. La gente dejó de creer que incendiarios rufianes habían iniciado el incendio en Roma, y los rumores comenzaron a proliferar en las calles de que el mismo emperador podía haber ordenado la destrucción de las casas y los negocios.

Como podrías imaginarlo, Nerón fue lanzado rápidamente a una caldera política. ¡Imagina que el presidente de los Estados Unidos ordenara que partes de Washington, D.C., fueran incendiadas para poder construirse una residencia opulenta! Nerón tuvo que idearse una historia para cubrir sus huellas, por lo que decidió culpar a los seguidores del incipiente movimiento cristiano.

Nerón afirmó que ellos habían sido los infames incendiarios de Roma, y ordenó que fueran arrestados, encarcelados, torturados y ejecutados. Algunos recibieron la pena de muerte casi inmediatamente. Los que no, de buena gana habrían cambiado su tortura por una muerte rápida en el tajo. Nerón era tan despiadado que a veces daba fiestas espléndidas nocturnas e iluminaba todo el asunto con los cuerpos ardiendo de los cristianos en las estacas de madera. A otros cristianos los lanzó en ollas de aceite, los decapitó, los crucificó o se los dio a los perros con hambre. Nerón pudo haber sido el enemigo primitivo de la iglesia cristiana más brutal y sanguinario. Durante su período, hasta ser un cristiano indiferente era causa suficiente para ser encarcelado, o algo peor.

Aun más extraordinario que la brutalidad de Nerón fue el valor de los primeros creyentes. Casi todos ellos podrían haber sido exonerados si simplemente hubieran negado su cristianismo. De hecho, muchas veces a lo largo de la historia a los cristianos se les ha dado la oportunidad de negar a Cristo para vivir. Pero, extraordinariamente, rara vez eligieron esa opción. Muy frecuentemente, los primeros cristianos eligieron la muerte en lugar de negar.

Esta persecución continuó por siglos, y sus evidencias están por todas las calles de Europa. Los cristianos primitivos estaban dispuestos a morir por lo que tan pocos de nosotros estamos dispuestos a vivir.

Los mártires de León

Hace algunos años estaba en la ciudad de León en el este de Francia. León es una ciudad típica europea con calles de adoquín, rodeada de edificios antiguos, con pequeñas cafeterías y fachadas de negocios. Recuerdo que era pacífica y, aunque es muy postcristiana, hay iglesias históricas en casi cada esquina de las calles. Las iglesias de León exhiben frescos pintados por artistas legendarios y estatuas enormes de santos que se asomaban en los altares dorados.

Pero León era un lugar drásticamente distinto en el segundo siglo.

En 177 d.C., Marco Aurelio desencadenó una persecución implacable en contra de los cristianos de la ciudad. Primero, los cristianos eran aislados y se burlaban de ellos en los baños públicos y en los foros locales. Finalmente los agrupaban como animales en mataderos hechizos y los asesinaban a la vista de los espectadores. Las víctimas oscilaban entre niños y hombres de 15 a 90 años, y frecuentemente eran torturados hasta dejarlos moribundos, antes de ser ejecutados pública y vergonzosamente. A algunos cristianos de León se les obligó a luchar desarmados en contra de gladiadores, a la vista de miles de espectadores que vitoreaban. Algunos eran colocados en armazones que gradualmente tiraban de sus extremidades desde sus encajes, y algunos eran colocados en sillas de hierro candentes. Un diácono de una pequeña iglesia local fue golpeado hasta que quedó casi irreconocible, y una frágil esclava llamada Blandina fue torturada una y otra vez. Cada artefacto de tortura tenía que haberla matado pero, de alguna manera, ella sobrevivió cada rutina. Un historiador relata su muerte y la atmósfera de León durante la persecución:

> El último día del festival, la esclava Blandina fue llevada al anfiteatro. Después de los latigazos, después de los leones, después de las planchas candentes, fue lanzada a una red y fue ofrecida a un toro. Después de que el animal la sacudió por un rato, ella ya no tenía conciencia de lo que estaba ocurriendo, gracias a su esperanza, a la firmeza de sus creencias y a su comunión con Cristo. Para los habitantes de León del segundo siglo, los cristianos eran parte de un buen día de paseo; parte del entretenimiento; parte del espectáculo. La multitud, al igual que los leones, rugía.[1]

Este momento horroroso de la historia contiene un milagro. A pesar de toda la tortura, de todas las burlas y de toda la presión para rechazar la fe en Cristo, casi todos los que fueron encarcelados, torturados y finalmente asesinados en León y en otras partes proclamaron sin avergonzarse: "Soy cristiano."[2] Si se enfrentaban con negar a Cristo o la muerte inminente, casi exclusivamente eligieron la muerte.

A pesar de que los ataran en el fuego, de que se enfrentaran a gladiadores y de soportar dolor más allá del entendimiento, estos hombres y mujeres de valor mantuvieron su compromiso con Cristo. ¿Qué había en su cristianismo que los hizo estar tan dispuestos a morir por lo que tan pocos de nosotros estamos dispuestos a vivir?

El sentido del deber y el espíritu luchador

La sangre de los mártires cristianos por mucho tiempo ha sido lavada de las calles de León, pero el testimonio de esa ciudad todavía está vivo. Las calles cuentan la historia de cristianos cuya fe fluyó más profundamente que su cultura y cuyo compromiso fue un asunto de vida o muerte, sin opinión ni sentimientos pasajeros. Su fe se basó en una decisión consciente que llegó a ser el fundamento de sus vidas. Los primeros cristianos perseguidos vivieron con un sentido del deber hacia Cristo, y su espíritu luchador alimentó su fe.

Una conversación con un joven de 19 años, veterano de la guerra en Irak, me hizo recordar la común falta de deber y lucha en la mayoría de los cristianos. Este estudiante de la Universidad Liberty estaba tratando de adaptarse a la vida de civil cuando descargó conmigo su frustración.

[En cuanto al desafío de los leones] 147

El deber es todo en las fuerzas armadas. Pero en la vida civil, nuestra generación ha perdido casi totalmente cualquier sentido del deber hacia cualquier cosa, hasta el cristianismo. Todo para nosotros es superficial. Ya no sabemos cómo comprometernos con nada. En lugar de eso, todo se trata de qué hay en eso para nosotros. Es como si ya no hubiera nobleza, y en nosotros ya no queda ánimo para luchar.[2] Yo estoy de acuerdo con él. Nuestra cultura parece estar tan obsesionada por preservar nuestra calidad de vida que casi hemos perdido los valores como el deber y el espíritu luchador.

Un sentido del deber caracteriza a la gente que está decidida a cumplir con sus obligaciones, a pesar de las circunstancias. Un espíritu luchador faculta a la gente a luchar decididamente en oposición a alguien o algo que se interpone en el camino a la victoria. El sentido del deber llevó a los cristianos a morir por Cristo en lugar de negar al que murió por ellos. Su espíritu luchador les dio el valor para enfrentarse a los leones en los coliseos y para soportar el dolor de la persecución.

Esto es a lo que Pablo se refirió cuando en cierta oportunidad le escribió a Timoteo: "Pelea la buena batalla de la fe."[3] Él usó el idioma de un soldado, de la guerra, porque sabía que su joven amigo tendría que luchar en contra de mucha oposición y distracción para vivir la vida que Dios quería que viviera. Timoteo era como un soldado cristiano. Los soldados están atados al deber, y tienen un espíritu luchador. Sienten una obligación con su nación, con sus líderes y con sus compatriotas para desempeñar su papel, para hacer su parte y para asegurarse de que han hecho todo lo posible para lograr la victoria. Así que luchan.

Luchan cuando tienen dolor, luchan cuando no quieren hacerlo, luchan cuando sus espadas no tienen filo y se acabaron sus balas. Luchan cuando están exhaustos, cuando tienen hambre e incluso a la luz del fracaso inevitable. Comienzan a perder la guerra sólo cuando pierden la batalla que está en su interior.

Cuando ese joven soldado estadounidense que había pasado un año en el frente de guerra volvió a casa, la transición a la vida normal en los Estados Unidos fue lo suficientemente difícil. Pero entrar a la vida normal en la iglesia estadounidense le fue aun más difícil. Después de luchar tan tenazmente por la misión de su país, quedó atónito con los esfuerzos indiferentes de los cristianos para cumplir la misión que Dios les ha dado.

Se dio cuenta de que muchos cristianos tienen poco o nada de sentido del deber. No sienten ninguna obligación de cumplir su misión y tienen poco ánimo para luchar en ellos. No están dispuestos a combatir agresivamente los pecados y los malos hábitos que los están destruyendo. No están dispuestos a hacer sacrificios para llevar el evangelio a las naciones y ni siquiera sienten nada de culpa ni remordimiento por su pasividad. No se dan cuenta de que están decepcionando a sus camaradas y a su comandante.

Muchos cristianos tienen una fe puramente personal que lleva a un cristianismo inactivo y egoísta. Llevan a cabo reunión tras reunión para cantar y hablar de su misión pero, de alguna manera, pocos se sienten obligados a realmente cumplirla. Jesús está dando órdenes de marchar hacia delante, pero muchos cristianos están en total abandono de su deber. Jesús ordena un avance, pero ellos se han retirado en gran parte. Él dice que vayan, pero ellos dicen que no con su inactividad y su apatía. Le dan un servicio del diente al labio y le ofrecen un plato tentador de buenas intenciones, pero cuando en realidad es importante, hacen poco o nada para completar su misión asignada.

Son desertores.

Mientras tanto, el mundo está hasta el tope de gente espiritualmente enferma. Los cristianos tienen órdenes de aplicar el evangelio sanador de Jesucristo, pero habitualmente ignoran sus órdenes, a pesar de la realidad de que la vida de otros está al borde.

Mi amigo soldado sabía que había consecuencias terribles por ignorar las órdenes.

Cómo exteriorizar tu fe

A veces pensamos que tener una dieta espiritual balanceada y voltear nuestros corazones y mentes a la voz de Dios es suficiente para el crecimiento espiritual. Estas disciplinas producen cambio interno, pero solamente son parte del crecimiento espiritual. Son los *medios* pero no el *fin*. Una fe puramente interna es fe a medias. Con el tiempo, nuestro cristianismo tiene que trasladarse de adentro hacia fuera, y tenemos que adoptar la misión de Dios como la misión de nuestras vidas. Sin importar nuestra ocupación o nuestra ambición personal, los cristianos somos responsables de vivir honesta y audazmente de acuerdo a lo que creemos y hablarle al mundo acerca de Jesucristo. Es así de sencillo.

Esta misión llevó a los mártires de Francia y del Norte de África a consentir ser asesinados en lugar de negar el evangelio. Esta misión también ha llevado a los creyentes a través de los siglos a cambiar el mundo.

Los primeros cristianos se sintieron obligados a seguir a Jesús cuando se enteraron de su amor y sacrificio, aunque ellos mismos tuvieran que hacer grandes sacrificios personales. Cuando vieron a Jesús a todo color, se sintieron obligados a vivir sus vidas incondicionalmente para él. Su compromiso fue lógico, pero también fue emocional. Sintieron que era su *deber* servir al que había muerto por ellos. Jesús había activado su arrepentimiento y sentido del deber a través de su amor y sacrificio.

Así que, a pesar de la posibilidad de la muerte inminente, los creyentes siguieron uniéndose a iglesias y continuaron cumpliendo la misión de Jesús. Se rehusaron a retractarse y a negar a Cristo, aunque enfrentaron una intensa persecución. Esta cultura de misión se impregnó en el cristianismo primitivo. Impulsó la fe de los primeros cristianos y puso en marcha la expansión explosiva del cristianismo en el primer siglo.

Ser cristiano en esa época no era fácil. Requería de gran sacrificio pero, de alguna manera, este sentido de misión dio a los cristianos la energía para seguir con su compromiso, cuando todo en ellos podría haberlos impulsado a abandonarlo.

Irónicamente, parece que los cristianos viven mucho más fielmente cuando ser creyente es difícil. Ahora, ser cristiano frecuentemente es fácil, y en algunos lugares hasta es respetable y honorable. Pero, de alguna manera, batallamos para encontrar el poder de creer y de vivir de acuerdo a esas creencias. Tal vez la manifiesta falta de misión en la iglesia nos ha arrullado y nos ha puesto a dormir espiritualmente.

Si nunca adoptamos la misión de Dios, perpetuamente tendremos una primera cita con Jesús. Él quiere mucho más de nuestra relación con él.

La reunión de mártires dispuestos

Por algún tiempo pensé que esta clase de compromiso se limitaba a la antigua historia de la iglesia. Luego asistí a una ceremonia de graduación de un instituto bíblico de la India. La imagen de los 2000 graduados formados con sus togas negras y gorros todavía está viva en mi memoria. Como en nuestra graduación anual en la Universidad Liberty, una emoción electrizante llenaba la atmósfera de la ceremonia. Los graduados se habían esforzado mucho para llegar a este momento, y la anticipación de recibir sus títulos era palpable.

Superficialmente, estos graduados universitarios se veían como cualquier otro graduado que yo hubiera visto con sus atuendos negros. Pero sobresalía una diferencia drástica en esta ceremonia de graduación. Justo antes de que los graduados recibieran sus títulos, se pusieron de pie y colectivamente recitaron el juramento del mártir. Yo estaba allí cuando se pusieron de pie. En un movimiento masivo, se levantaron confiadamente. Tenían sus cabezas en alto y sus los hombros hacia atrás. Sabían lo que se avecinaba y no tuvieron ningún sentido de vacilación al repetir estas palabras, después del presidente del instituto bíblico:

- Soy solidario con el apóstol Pablo al afirmar que "Para mí el vivir es Cristo, y el morir es ganancia." Adopto la postura firme de honrar al Señor Jesucristo con mis manos para servir a toda la humanidad.

- Adopto la postura firme de honrar al Señor Jesucristo con mis pies para esparcir el evangelio a todos los fines de la tierra, sin importar lo que cueste.

- Adopto la postura firme de honrar al Señor Jesucristo con mis labios, al proclamar las buenas nuevas a todos los que oigan y al edificar el cuerpo de Cristo.

- Adopto la postura firme de honrar al Señor Jesucristo con mi mente, al meditar en su Palabra y en sus promesas para mí.

- Entrego todos mis tesoros terrenales y todo lo que poseo para seguir el camino de la cruz.

- Me comprometo a amar a mi familia, a los huérfanos, a las viudas, a los leprosos, a los adinerados y a los pobres, de la manera en que Cristo amó a la iglesia.

- Rindo mi voluntad y mi vida a su voluntad y a su vida.

- Me comprometo al servicio del Señor al ser un buen administrador de mi tiempo.

- Rindo este cuerpo en la tierra a la perfecta voluntad de Jesús, y si mi sangre fuera derramada, que produzca una poderosa cosecha de almas.

- Juro lealtad al Cordero. Buscaré honrar su mandamiento. No me avergüenzo del evangelio de Cristo, porque es poder de Dios para salvación a todo aquel que cree.

- Señor Jesús, que tu reino venga. Que tu voluntad se haga en la tierra, así como en el cielo. Amo a mi país y a mis conciudadanos, y reclamo mi país para Cristo.

- He leído este juramento y lo entiendo completamente. Al tener una mente y cuerpo sanos, solemnemente declaro este juramento del mártir sin ninguna persuasión que me seduzca.[4]

Después me enteré que el hombre que estaba en el podio leyendo el juramento para que lo recitaran había recibido su décima séptima amenaza de muerte hacía apenas dos días. Los militantes habían dicho que le dispararían cuando recitara el juramento del mártir con los graduados. Él ignoró la amenaza. Había hecho el juramento, por lo que sabía que estaba preparado para morir. De hecho, me dijo que morir mientras recitaba el juramento sería un honor.

El rugido de aquellas voces jóvenes que declaraban su disposición a morir por Cristo todavía me desafía. La mayoría de los graduados aquel día habían crecido en orfanatos y se habían educado en escuelas cristianas, y ahora estaban siendo enviados como misioneros a su pueblo. Muchos de los estudiantes se las habían arreglado solos en las calles, pero en un golpe de gracia, unos misioneros cristianos los habían rescatado, los llevaron a la seguridad de sus orfanatos y los cuidaron en una encarnación del amor de Cristo.

Estos hombres y mujeres entregaban sus vidas a Cristo porque él había salvado las suyas. Ahora, su mayor deseo era que su mensaje de salvación fuera libremente a todo su país y por los países vecinos del sur de Asia. Habían decidido entregar sus vidas en un servicio total e incondicional para Cristo, porque Cristo les había dado vida nueva. No necesitaron pensarlo mucho antes de hacer ese compromiso tan fuerte. Simplemente fue algo instintivo. La muerte de Jesús les había dado vida nueva a ellos, por lo que se sentían impulsados a esparcir la noticia de esta vida nueva a un mundo que lo necesita desesperadamente.

Habían renunciado a todos sus demás sueños y deseos y estaban dispuestos a aceptar la pobreza o los azotes, a que les robaran o abusaran de ellos y a que los maldijeran o asesinaran si eso era lo que su misión requería. Estaban dispuestos a pagar cualquier precio que fuera necesario para servir al que los había salvado.

Unos cuantos años después, casualmente estaba otra vez en India durante la semana en que dos de estos graduados fueron martirizados en el estado indio de Orissa. Miles de cristianos habían huido de sus aldeas en llamas para vivir en la selva. En la iglesia india que yo asistía, cantamos un himno que había sido escrito por una mujer que había muerto en la misma revuelta.

Sabía que pronto viajaría de vuelta a casa, donde no me preocupa el ser perseguido físicamente por ser cristiano. Esa seguridad debería ser de consuelo, pero también es precaria. No tengo que arriesgar la vida en los Estados Unidos, pero arriesgo una fe sin vida. Me pregunto cómo podríamos tener al mismo Cristo, pero no el mismo compromiso con él.

La misión es la llave que abre la puerta a un compromiso radical.

CÓMO LOGRAR LA RUTINA MILAGROSA
DIOS ESTÁ OBRANDO EN EL MUNDO

[15]

Cuando estaba en la ciudad del Dalai Lama, imaginé que Jesús podría estar obrando en la aldea. No sabía cómo Dios podía resistir la oportunidad de desplazarse en un lugar como ese.

Sin embargo, casi no tenía fe. Imaginaba y esperaba pero no anticipaba encontrar muchas evidencias de la presencia del evangelio. Tenía un conflicto. De alguna manera, consideraba que la ciudad era el lugar más difícil para que Dios estuviera obrando allí. La aldea estaba saturada del budismo tibetano y nunca había oído de que algún misionero alguna vez considerada ministrar entre los discípulos del Dalai Lama en el norte de India. Hasta llegar al lugar era tedioso y el trabajo sería difícil y poco gratificante.

Cuando llegué le pregunté a Dios: "Si estás haciendo algo aquí, ¿podrías enseñármelo?" Qué oración más rara, ¿no?

Al final de mi visita, luchaba por cubrir mi decepción después de no ver evidencia en absoluto de que Jesús estuviera obrando entre la gente. Cuando estaba desayunando la última mañana, abrigaba una profunda, profunda tristeza.

Mi amigo y yo habíamos descubierto un inusual desayuno americano en un hotel para mochileros. Normalmente no me gusta comer huevos y tocino, pero después de estar en la India por algunos días, estaba disfrutando el sabor de casa. Conversamos del viaje en auto de cuatro horas que precedería a nuestro viaje en tren más tarde en la noche. Yo pretendía estar contento, pero estaba muy contrariado.

Precisamente entonces, tan absurdo como pareciera, un viajero solitario de Irlanda, que estaba sentado en una mesa a la par de nosotros, nos vio y dijo: "Creo que voy a ir a la iglesia esta mañana."

Quedé impactado. Fue muy franco e inesperado. Totalmente de la nada. Le dije: "¿Perdón?"

Dijo: "Ah, creo que voy a ir a la iglesia esta mañana. Oí que hay una antigua iglesia británica en las afueras de la ciudad. Tendrán servicios en inglés y en hindi dentro de unas horas."

Eso nos lanzó a una conversación inusual. El irlandés no era muy religioso, pero era muy curioso. Había estado en un viaje de un mes por toda la India, primero para visitar a su hermana que trabajaba en una ONG en Nueva Delhi, y luego para explorar los lugares religiosos del norte de India. De alguna manera, había llegado a la ciudad del Dalai Lama y había descubierto una iglesia cristiana allí.

Un irlandés no cristiano me estaba informado de una iglesia en la ciudad del Dalai Lama. Creo que fue un milagro, y solamente fue el primero del día.

El sermón "Nacido de nuevo"

Fuimos a la iglesia. Había más o menos una docena de personas, incluso el irlandés, seis estudiantes holandeses que estaban en una excursión religiosa en la India, una pareja joven y dos mujeres mayores. El pastor predicó, en un inglés perfecto, una de las presentaciones del evangelio de Jesucristo más claras que yo hubiera escuchado. De hecho, habló de la necesidad de nacer de nuevo. ¡No podía creerlo! Hasta en este lugar inverosímil, Dios se estaba moviendo a través de su Espíritu. Llevó a un pastor indio bilingüe, del Sur de India, a la cima del mundo para que fuera misionero entre su propia gente. Estaba en el patio trasero del templo del Dalai Lama, ¡proclamando fielmente a Jesús a la gente de la ciudad! Fue increíble. Pensé en las palabras de David: "La tierra es del SEÑOR."Después, las dos mujeres mayores que estaban sentadas detrás de mí me dijeron que se habían trasladado a McLeod Ganj hacía ocho meses para orar que Dios enviara misioneros a la ciudad. Me preguntaba si mi curiosidad por visitar McLeod Ganj, de alguna manera, podría haber sido el resultado directo de las oraciones de estas mujeres. Entonces conocí a la joven pareja que estaba sentada a la par de ellas. Sorprendentemente, ¡habían llegado a McLeod Ganj después de trabajar con un amigo mío en Nueva Delhi, en un orfanato que planeaba visitar después en mi viaje! ¡Y uno de mis muy buenos amigos había sido su profesor en una universidad en Texas! ¡Dios había escuchado mi oración de una manera extravagante! Me mostró una clara presentación del evangelio en esta ciudad, me conectó con dos guerreras de oración allá, me presentó a misioneros con los que yo tenía alguna conexión, ¡y lo hizo todo a través de un encuentro "casual" con un irlandés curioso, que no tenía nadie con quien hablar durante el desayuno!

He descubierto que cuando comenzamos a vivir de acuerdo a lo que creemos, descubrimos que Dios en realidad está obrando en el mundo de maneras extravagantes, y quiere obrar en nuestras vidas igual de magníficamente. Si tus experiencias no son tan vigorizantes como las que leemos en la Biblia y en la historia de la iglesia, tal vez no hemos logrado vivir para Dios como deberíamos hacerlo. El cristianismo es únicamente lo que profesamos que es, cuando lo practicamos de la manera en que Dios nos llama a hacerlo. Cuando nos atrevemos a vivir realmente de acuerdo a lo que creemos, descubrimos que Dios está vivo y que está obrando en el planeta tierra.

Jesús está llegando a ser famoso en todo el mundo

El evangelio se está desplazando tan rápidamente a lo largo de la tierra que estoy indeciso de registrar su progreso en papel. Las estadísticas explosivas de la expansión del cristianismo estarán obsoletas para cuando este manuscrito sea publicado. Estamos viviendo en una época en que Dios está obrando de maneras fantásticas en todo el mundo. Desde el primer siglo el evangelio no ha tenido un curso tan libre como el que disfruta ahora.

Piensa en China. Después de la expulsión, encarcelamiento o asesinato de los misioneros durante la Revolución Cultural, menos de tres millones de cristianos permanecieron en la ciudad. Algunos estiman que solamente unos cuantos cientos de miles. Ahora, solamente 50 años más tarde, y a pesar del enorme y masivo movimiento para exterminar el cristianismo en partes del país, ¡más de 120 millones de cristianos viven en China! Durante una visita, conocí a un misionero clandestino en mi hotel. ¡Puso un CD en mi computadora y abrió un archivo confidencial que reveló información sobre 50,000 iglesias que habían sido plantadas en una ciudad china! La información era tan clandestina que no me permitió copiarla. Inmediatamente retiró el CD, pero quería mostrarme la evidencia concreta de la obra de Dios en esa nación insólita. Alrededor de 2050, China tendrá la segunda población cristiana más grande del mundo. Algunos misioneros estiman que cada día, por lo menos 30,000 personas son bautizadas en el país.

China no es una excepción. Menos de 10 millones de cristianos vivían en todo el continente africano hace 100 años. Ahora, más de 360 millones de cristianos profesos viven allí, y los pastores africanos están dirigiendo muchas de las comuniones gbales de las iglesias. Indonesia, el país con la población musulmana más grande del mundo, ha presenciado un movimiento increíble hacia el cristianismo. Por lo menos el 20 por ciento de la población de Indonesia profesa fe en Jesucristo. Los movimientos de iglesias clandestinas en hogares se están expandiendo exponencialmente en países como Irán, Irak, Jordania y Arabia Saudita. Brasil y otros países sudamericanos, que recibieron miles de misioneros en la generación anterior, ahora están enviando cientos de misioneros a trabajar entre los musulmanes del Norte de África y el Medio Oriente.

El idioma número uno de los cristianos en el mundo ahora ya no es el inglés. Es el español. El cristiano promedio ya no es un europeo ni estadounidense blanco, sino un asiático, un africano o un latinoamericano. La nación que alberga la iglesia más grande del mundo (por lo menos 750,000 miembros) y que envía el segundo número más grande de misioneros cristianos al mundo ahora es Corea del Sur —¡un país de solamente 50 millones de gente! Quizás más sorprendentemente aun, la Biblia ha sido traducida a más idiomas en los últimos 100 años que en los anteriores 600 años combinados. Ahora, algunas organizaciones misioneras que se especializan en lingüística creen que la Biblia podría ser traducida fácilmente a cada idioma vivo en el mundo dentro de los próximos 20 años.

Podría parecer que el cristianismo está en un respirador en partes de Europa y los Estados Unidos pero, en realidad, ¡está creciendo y expandiéndose en la mayor parte del mundo! Incluso en los Estados Unidos, donde se considera que el cristianismo, en gran parte, está desapareciendo, hemos visto la explosión del movimiento de la megaiglesia, donde a veces decenas de miles de gente se reúnen para adorar en una sola congregación un domingo por la mañana. Hace treinta años, una iglesia de 1000 personas se consideraba excepcional. Ahora, algunos pueblos pequeños tienen congregaciones de más de 1000 personas. ¿Puedes imaginar que ocurriría si el resto de los cristianos de los Estados Unidos que están dormidos se despertaran para hacer su misión de amar y servir a Jesucristo, si más cristianos estadounidenses comenzaran a vivir de acuerdo a lo que dicen que creen? Las bases de todo el mundo serían sacudidas sólo con la marcha de la iglesia estadounidense, sin mencionar los efectos excepcionales de la marcha simultánea de las iglesias cada vez mayores de Asia, África y América del Sur.

Algunas personas son pesimistas en cuanto al potencial del cristianismo estadounidense. Yo no. En épocas diversas de la historia de la iglesia, el pesimismo ha parecido razonable, pero Dios destrozó esas expectativas con una obra sorprendente de su Espíritu. Por ejemplo, en 300 d.C. el emperador romano Diocleciano ordenó que se quemaran todas las Biblias del imperio. Pensó que al destruir las Escrituras, podría destruir el cristianismo. De hecho, poseer las Escrituras en ciertas partes del imperio era causa para ejecución. Pero apenas 25 años después de la orden de Diocleciano, Roma tuvo su primer emperador cristiano, Constantino. Constantino ordenó la producción de 50 copias perfectas de la Biblia, ¡a expensas del gobierno!

Dios está obrando en el planeta tierra y creo que también quiere obrar en nuestras vidas. Simplemente necesitamos movernos hacia delante.

Las dos cosas que me motivan

Tengo dos motivaciones principales para comprometerme con la obra de Dios en la tierra. Primero, me gusta sentirme parte de algo importante. Segundo, la gente que se ha comprometido en la misión de Dios en la tierra me ha inspirado.

Cuando decides comenzar a hacer tu papel en la misión de Dios, cuando decides simplemente hacer algo para la gloria de Dios, inmediatamente sientes el peso de lo que estás haciendo. Ya no estás desperdiciando tu vida ni tus recursos. Sientes el poder de ser parte de algo más grande que tú mismo, y comienzas a ver a Dios obrando en tu vida, en tanto que tú obras en la vida de los demás en su nombre. Marcar la diferencia en la vida de la gente es una experiencia poderosamente transformadora para ti también.

En cuanto a mí, no quiero ser un actor pasajero en la historia. Quiero marcar la diferencia en este mundo, y quiero dejarlo en mejor forma que cuando entré a él. Quiero vivir una vida de significado, no de egoísmo. Cuando conozco a gente que ha hecho esto, me desafía a continuar con mi meta.

M. A. Thomas

M. A. Thomas era un joven en 1960 cuando él, su esposa y unos cuantos miembros de un equipo decidieron caminar 2400 kilómetros para llevar el evangelio a una ciudad no cristiana en el norte de India.[2] Thomas me dijo que no tenía dinero, un mero puñado de pertenencias terrenales y ni siquiera un mapa. Pero sí tenía un letrero. Había escrito cuidadosamente el evangelio en un gran cartel. Encajaba en sus hombros y exhibía el evangelio enfrente y atrás. Decidió usarlo en ese viaje de 2400 kilómetros para que la gente que iba adelante y atrás de él pudiera tener la oportunidad de conocer a Jesucristo.

Todo lo que tenía era una visión que había llegado de su compromiso profundamente arraigado con la misión de Cristo. Le había tomado la palabra a Dios, y confiaba en que Dios lo guiaría y le proveería para sus necesidades.

Dios sí proveyó para sus necesidades. De hecho, un joven líder misionero llamado Bill Bright descubrió a Thomas en el sur de la India y le compró boletos de tren a él y a su equipo para que no tuvieran que caminar el resto del camino a Kota, una ciudad al noroeste de la India. Casi tan rápidamente como Thomas llegó, las cosas se vinieron cuesta abajo. Su literatura del evangelio fue confiscada y quemada, él y su equipo fueron encarcelados y fueron amenazados muchas veces.

Pero Thomas sabía que Dios había puesto esta carga en su corazón, por lo que no se rindió. Pronto había iniciado una iglesia en la cárcel y llevó casi a todos los prisioneros a la fe en Jesucristo. Finalmente, ¡el alcalde de la prisión lo liberó porque estaba haciendo más daño adentro que lo que había hecho afuera! ¡La primera iglesia de Thomas se formó de convictos arrepentidos y reformados!

Cuando conocí al Obispo Thomas, él había estado en su ciudad por décadas, había plantado, o entrenado plantadores de iglesias para que plantaran más de 20.000 iglesias, había establecido más de 100 escuelas, estaba cuidando a más de 10.000 huérfanos, había iniciado esfuerzos de plantación de iglesias entre las aldeas de leprosos de la India, había recibido el honor civil más alto posible que uno puede recibir en la India, y casi había sido asesinado por radicales más veces de lo que podía recordar.

Thomas tenía casi setenta años cuando nos conocimos. Cojeaba cuando caminaba. Se mecía de atrás para delante incómodamente, en un bastón viejo. Su edad no había afectado sus miembros con enfermedades, y sus articulaciones no estaban consumidas por la artritis. Su modo de andar tenía 20 años más encima por otra razón.

Él cojeaba por las golpizas que había recibido. Dirigir iglesias en esta parte de la India era precario, pero él había decidido pasar toda su vida allí. Había sufrido mucho por esta decisión, pero no se arrepentía de haberlo hecho. De hecho, su alegría vivaz lo rodeaba. Se reía todo el tiempo. Sonreía sin cesar, hacía bromas todo el tiempo y era genuinamente feliz. Todo esto a pesar de las dificultades que había soportado por el evangelio. Creo que por primera vez presencié un gozo verdadero cuando lo vi a los ojos.

A pesar de ser el arzobispo de decenas de miles de iglesias y más de cien escuelas, Thomas decidió vivir en una habitación, justo cerca de la entrada principal de la sede de su ministerio. Era deliberadamente modesta. Tenía una cama, una silla y un cuarto de baño. Él podría haber tenido una mansión. Decidió vivir sencillamente porque después de toda una vida de almacenar tesoros en el cielo, ya no estaba atado al deseo de tener muchas cosas y verse impresionante ante el mundo que lo rodeaba. Estaba obsesionado con Jesús, y Jesús le dio un gozo sobrenatural a cambio.

Un día, una banda de militantes religiosos se acercó a la entrada principal del edificio que albergaba la morada de una habitación de Thomas. Estaban armados con palos y mucha ira. Estaban indignados porque mucha gente se estaba convirtiendo y muchos pastores estaban siendo entrenados bajo el liderazgo del Obispo Thomas. Llegaron a darle una muestra de lo que le ocurriría si no detenía su ministerio.

Antes de que los militantes golpearan al Obispo Thomas, les ofreció una taza de té e intentó compartir el evangelio con ellos.

[Cómo lograr la rutina milagrosa] 159

En toda su vida ministró a millones, salvó a miles de huérfanos, plantó cientos de iglesias en sus colonias de leprosos y viajó (a veces a pie) a aldeas no alcanzadas, en medio de los lugares más difíciles de la India. Thomas estaba obsesionado con el evangelio y se sentía obligado a hacer cualquier cosa posible para alcanzar a todo el que pudiera.

Thomas no desafió su misión ni la debatió. Era simple para él. Jesús quería que la llevara a cabo. Por lo que lo hizo y confió en que Jesús lo ayudaría. Y Jesús lo ayudó. Cuando Thomas hablaba de Jesús, parecía estar hablando de su mejor amigo.

En una ocasión, las cosas se pusieron particularmente malas para el Obispo Thomas. Los militantes bloquearon los caminos que llevaban a su convención de pastores, atacaron a los pastores a medida que llegaban a las estaciones locales de tren, y lanzaron cócteles Molotov a las paredes de las instalaciones del ministerio. A medida que las cosas se caldeaban, las amenazas de muerte comenzaron a llegar. Estos militantes se habían hastiado del trabajo misionero de Thomas y decidieron ponerle fin de una vez por todas. Por lo que prometieron matarlo si seguía con planes de celebrar la graduación de miles de misioneros indios al día siguiente.

Thomas oyó la amenaza durante la convención. Tan pronto como la escuchó, inmediatamente caminó cojeando autoritativamente hacia el podio. Con su profunda voz de barítono, Thomas marcó claramente su postura: "Mañana habrá servicio. Será un servicio de graduación o un servicio funeral, ¡pero habrá servicio!"

El servicio de graduación transcurrió sin incidentes al día siguiente. Thomas había aceptado el reto, pero no estaba tratando de ser rudo. Simplemente confiaba en Jesús. Nunca pensó hacer nada distinto.

Finalmente, los militantes persuadieron a políticos corruptos para enredar al Obispo Thomas en litigaciones interminables, colocando lentamente un control total en las cuentas bancarias y operaciones del ministerio. Eso fue hace algunos años y el ministerio todavía se está recuperando de años de persecución por parte de los funcionarios del gobierno. Pero los líderes del ministerio siguen perseverando, convencidos de que Dios les ha asignado esta misión.

La última vez que vi al Obispo Thomas, yacía en una cama de hospital. La mitad de su cuerpo estaba paralizada y no podía hablar. Finalmente, la vida difícil que vivió para Cristo le pasó factura. Algunas personas podrían haberse enojado con Dios, al estar ahí paralizado, pero el Obispo Thomas no. Ahora, insiste en una visita diaria a los huérfanos que viven en uno de sus orfanatos, va a su oficina todos los días y pide a sus estudiantes que le lean de 10 a 15 capítulos de la Biblia todos los días.

Va a la iglesia todos los domingos, participa en la santa cena y se frustra mucho si su ropa no está bien planchada. ¡Quiere estar lo mejor posible cuando asiste a la adoración!

Su hijo estaba con él en un servicio de la iglesia recientemente. Le dio a su papá cuatro billetes de la moneda india. Le dio tres billetes de 100 rupias y uno de 500 (alrededor de $18). Thomas insistió en dar el billete de 500 rupias en la ofrenda porque creía que Dios merecía lo mejor.

Todos queremos que Dios haga lo milagroso en nuestras vidas ahora. Todos queremos ver nuestra propia separación del Mar Rojo para poder creer; queremos poner nuestros propios vellones de lana y nos decimos que finalmente nos entregaremos enteramente a Dios cuando en realidad nos demuestre su valía. Si sana mi enfermedad, creeré. Si responde mi oración que por mucho tiempo no ha respondido, creeré. Incluso conocí a un tipo que le pidió a Dios que moviera una montaña, ¡una montaña de verdad!

En realidad, yo creo que esos son milagros de segunda clase. Deberíamos orar por la clase de milagros mucho más predominantes que hacen que hombres como M. A. Thomas viviera con una alegría sobrenatural, a pesar de sus vidas tan difíciles. Deberíamos orar por el milagro del gozo que trasciende los altibajos de la vida, el milagro del amor *agape* que da libremente, a pesar de recibir poco a cambio, o el milagro de un alma nueva que ha sido lavada del pecado y ha quedado blanca como la nieve.

Dios todavía obra de maneras sensacionales. Las verás ocasionalmente, cuando finalmente decidas involucrarte. Pero más frecuentemente, Dios limita su obra al lugar donde necesitamos el milagro más grande, nuestros corazones.

[PARTE 5]

[DE LA MISIÓN A LA VISIÓN]

Qué podría pasar si los cristianos del mundo despertaran a su potencial en Jesucristo? ¿Qué si cristianos se atrevieran a tener grandes sueños y comenzara a avanzar para lograrlos? ¿Qué podría pasar si los seguidores de Jesucristo en el mundo despertaran en un concierto de acción, inspirado por un compromiso profundamente arraigado y sacrificial con Jesucristo?

CÓMO RESCATAR LA IMAGINACIÓN
POR QUÉ LA IMAGINACIÓN TIENE LA INTENCIÓN DE MARCAR LA DIFERENCIA

[16]

Cuando estaba en la universidad, mi primita de cinco años me hizo un cumplido maravilloso. Dijo con toda autenticidad: "¡Johnnie, estás loco de la cabeza, pero eres bueno de corazón!"

¡Qué cosa tan linda que una niñita se la diga a su primo favorito! ¡Mi prima cree que estoy loco! Me conocía mejor de lo que yo creía.

Lo cierto es que siempre he tenido una imaginación vívida y creativa. En más de una oportunidad, me ha metido en líos.

Desde que tengo memoria, mi mente ha sido mi pequeño campo de juego. Podía ir a cualquier lado, hacer cualquier cosa y escapar a cualquier lugar cuando las cosas no iban bien. Podía trepar hacia los escondrijos de mi imaginación y vivir la vida que quería vivir. Podía ser cualquier persona y hacer cualquier cosa, y lo hacía todo el tiempo. Cavaba un túnel hasta China y construía castillos con cajas de mudanza. Cubría mi fortaleza de juguete con talco de bebé cuando quería hacer una guerra en el inverno e incendié mis soldaditos cuando estábamos soportando el ataque del enemigo. Nunca podía convencer a nadie que me llevara de pesca, por lo que saqué las varas de pescar de nuestro cuarto de almacenaje y pasé horas en el patio de enfrente lanzando y enrollando, imaginando cada vez que estaba jalando uno grande. Accidentalmente me enganché una vez, pero no me desanimé, porque cada pescador genuino de vez en cuando se engancha.

Mi primera novia también estuvo en mi imaginación. Teníamos cinco años. Estaba sentada frente a mí en el jardín infantil. Todo lo que recuerdo de ella son sus colas de caballo. Nunca hablé con ella, ni una vez. Pero un día, para gran sorpresa de mamá, cuando estaba hablando por teléfono con la abuela, le anuncié que tenía novia. Había nombrado a esta niñita mi novia, totalmente desconocido para ella. No me importaba que ella no supiera que era mi novia, ni que nunca hubiera hablado con ella. Simplemente decidí que ella era mi novia y eso era suficiente para mí.

Una vez encontré un viejo palo de escoba. De repente era un *ninja* con una misión especial para salvar al mundo. Definitivamente *no* era un niñito con un palo de escoba en Carolina del Sur. No, era un cruel artista marcial que tenía que derrotar al enemigo antes de que el enemigo destruyera toda la civilización.

Mi archienemigo era un árbol. Ni siquiera era un árbol grande. Era uno de esos pequeños árboles que los jardineros aficionados siembran cuando están tratando de mejorar su habilidad para la jardinería. Pero yo me había convencido de que era un héroe y el árbol era Satanás encarnado. Yo era el protagonista. El árbol era el antagonista.

Gané la batalla hábilmente y el árbol se murió. ¡Había salvado al mundo! Puedes imaginar lo sumamente decepcionado que estaba cuando la dueña de nuestra casa amenazó con sacarnos si no dejaba los árboles en paz. No podía creer cómo la anciana malhumorada no podía apreciar el hecho de que yo había salvado el mundo , ¡su mundo!

He sido "loco de la cabeza" por algún tiempo.

A veces mi imaginación se invitaba a entrar a mis sueños. Cuando estaba en tercer grado, soñé que la Segunda Guerra Mundial estaba estallando en mi patio de atrás. Así que hice lo que cualquier chico haría: puse graderías y una franquicia. Hasta cobraba la entrada para ver cómo se desarrollaban las batallas, y vendía refrescos a mis clientes pequeños.

¡En los primeros cinco años de mi vida ya era un empresario en germinación y el ninja que había salvado al mundo! Mis padres tuvieron que haber estado muy orgullosos, o muy preocupados.

Usé mi mente creativa como un sable de luz en las guerras interminables que emprendía con mi hermanita. Inventé historias fantásticas acerca de su nacimiento y las usaba para que me tuviera miedo. Ella era menor, pero más tosca, y yo siempre estaba a la defensiva. No tenía músculos, por lo que usaba mi cerebro hiperactivo.

Una vez le dije a mi hermanita en un tono de seriedad mortal: "Ya no voy a guardar este secreto. Mereces saberlo. ¡No eres humana! Eres un robot, y si no comienzas a tratarme mejor, ¡te voy a sacar tus baterías!" En otra oportunidad, la convencí de que comiera comida de perro porque era deliciosa y nutritiva, y una vez le dije que era un proyecto gubernativo de la

CIA que podríamos devolver en cualquier momento. La amenacé con volverla a poner en su caja y enviarla al laboratorio. En cada ocasión, presenté mi caso tan enérgica y persuasivamente que ella en realidad me creyó.

Creo que mi imaginación activa es lo que me impulsó a convertirme en mago cuando mis padres se divorciaron. Esta fue otra manera en que podía escapar de mi mundo difícil. Casi todos los días, después de la escuela, corría a mi habitación, hacia un juego de cartas. Me quedaba allí por horas, perdiendo el tiempo con trucos mágicos. En poco tiempo, estaba apoyando a mi familia, haciendo trucos mágicos en un pequeño restaurante de la ciudad y, con el tiempo, gané el segundo lugar en una competencia nacional de magia.

Ahora sé que mi deseo de ser mago tenía un poco que ver con mi deseo de hacer del mundo un mejor lugar. Quería vivir en un mundo sazonado con milagros porque los desafíos que mi familia enfrentaba podrían resolverse únicamente con algo milagroso.

La parte de mí que anhelaba la ayuda de Dios era la misma parte que anhelaba estos pequeños milagros ficticios. Casi desde el principio, algo dentro de mí ha clamado por milagros. Siempre he creído que este mundo material abarca más de lo que el ojo ve y que lo imposible podría ser desafiado y vencido.

La lucha para preservar mi imaginación

A medida que he crecido, mi imaginación ha llegado a ser menos activa. La vida tiene una manera de despertarte. Te obliga a cambiar tus ilusiones de esplendor por un realismo duro y cínico. Cuando eres niño, tu imaginación es tan colorida como un arco iris. Cuando te conviertes en adulto, se requiere de todo en ti para evitar que tu imaginación se desvanezca a blanco y negro.

Esa gente especial que puede preservar su imaginación se convierte en artista, y la mayoría de los artistas tendrán vidas financieramente empobrecidas y socialmente menospreciadas. Unos cuantos serán fantásticamente ricos. De cualquier manera, la gente que vive para el arte se ha rehusado a dejar que su imaginación muera.

En un sentido, no han crecido. Vivir de esta manera no es algo convencional para un adulto. La gente piensa de manera crítica y cínica en los artistas que parecen estar perpetuamente encerrados en su imaginación. Pero a pesar de todas las bromas acerca de los artistas que pasan hambre y de las pinturas de los artistas abstractos, muchos de los mejores conocedores de arte moderno en el mundo están entre los más estoicos y sofisticados de nosotros. ¿Podría ese estoicismo estar encubriendo una búsqueda interna para volver a encontrar la imaginación perdida?

Se nos enseña a hacer a un lado nuestra imaginación, a adquirir una carrera, a unirnos al trabajo pesado de todos los días y a trabajar para tener *ese* auto en la entrada de tu casa, que está en una calle exclusiva, para que tus dos hijos y medio crezcan y vuelvan a hacer eso mismo otra vez. De las nueve a las cinco se convierte en tu ritmo de vida, y se nos olvida jugar. Sólo sabemos cómo tachar las cosas de una lista y seguir con la realidad programada y estructurada de la vida adulta. Finalmente, nuestra imaginación se atrofia y pronto es más difícil reír y llorar. La vida sigue sin que quede mucha *vida*.

Dios creó la imaginación

Todo lo que Dios creó parece tener propósito, ¿verdad? ¿Podría ser que la creación de Dios de la imaginación no fuera solamente para nuestra niñez sino para toda nuestra vida? Tal vez Dios no quiere que nuestra imaginación muera ante el realismo cínico de la vida diaria.

Después de todo, si Dios la creó, tenemos que preguntarnos: ¿Cuál es el propósito? Él imaginó la imaginación por alguna razón. De hecho, Dios conectó nuestra imaginación en la parte más complicada de nuestra máquina humana. La imaginación vive en alguna parte de nuestro cerebro de tres libras. Hemos visto que el cerebro contiene 100 millardos de neuronas interconectadas, que hacen 100 billones de conexiones entre sí. Cada una de esas 100 billones de conexiones es capaz de hacer 200 cálculos por segundo. Para los científicos, la mente humana sigue siendo una frontera final, así como los límites del universo.

Un científico de la información me ayudó a apreciar la majestad y la complejidad del cerebro humano, al compararlo con la internet. En una conferencia en línea, dijo que en 2007, toda la World Wide Web contenía 55 millardos de vínculos; procesaba 2 millardos de correos electrónicos por segundo, 1 millón de mensajes instantáneos por segundo, y 100 millardos de *clics* al día; y usaba hasta el 5 por ciento de la electricidad del mundo. Sorprendentemente, la Web procesaba 7 terabytes de tráfico por segundo, lo que significa que cada tres segundos, más información viajaba a través de la Internet de lo que contiene toda la Biblioteca del Congreso.

Entonces el conferencista dijo algo que me dejó completamente perplejo. "Toda la World Wide Web en el año 2007 era, a grandes rasgos, equivalente en complejidad a un cerebro humano."

¡Vaya! Nuestra imaginación vive en alguna parte de esta vasta y complicada creación de Dios. ¡No creo que estoy haciendo todo el uso de mi mente y de mi imaginación!

Cuando escuché esta conferencia, reaccioné de dos maneras. Primero, miré al tipo en la pantalla de mi computadora por un rato, con una mirada de asombro en mi cara. Probablemente estaba babeando de asombro. Segundo, me pregunté por qué Dios instaló una máquina tan increíblemente compleja y creativa dentro de nosotros. Seguramente hay más en esto que jugar juegos, pintar cuadros y escribir libros. Me pregunté por qué Dios invirtió tanto en nuestras mentes y en nuestra imaginación. ¿Qué papel debe tener esto en nuestra vida?

Creo que nuestra imaginación es la parte de la imagen de Dios dentro de nosotros que refleja la creatividad de Dios. Nuestra imaginación es un primo lejano de lo que hizo que Dios pensara en el Monte Everest y el Gran Cañón, en el calor del amor verdadero y en la grandeza de un universo aparentemente infinito. Nuestra imaginación humana es una versión muy diluida de lo que inspiró a Dios a lanzar inmensurables galones de agua en los océanos y a montarnos en el eje correcto para darnos vida. Es lo que hizo que Dios pensara en un arrecife de coral, en que las hojas cambiaran de color y que pensara en hacer que las abejas con aguijones fueran la fuente de la dulce miel.

¿Alguna vez has tratado de imaginar algo de la nada? ¿Alguna vez has tratado de visualizar un animal, un árbol, un planeta o un lugar totalmente nuevo? Es casi imposible no deslizarse a la ciencia ficción. El hecho de que Dios pudiera elaborar un universo tan complicado y entretejido simplemente va más allá de nuestra comprensión. Pero en nuestras imaginaciones, Dios parece haber depositado un poco de esa característica en nosotros.

Tal vez Dios nos dio la creatividad con un propósito. Claramente, Dios fue a grandes extremos para permitirnos ver la belleza y contemplar realidades diferentes, jugar con amigos imaginarios y escribir poesía, dirigir películas y pintar paisajes y escribir cartas de amor. Pero tal vez el propósito de Dios para crear nuestra imaginación trasciende todo eso. Tal vez es más que simplemente un vehículo para el entretenimiento.

Nuestra imaginación no fue una ocurrencia tardía, sin entusiasmo, en la creación del hombre por parte de Dios. No pretendía simplemente hacernos reír o llorar en una buena película o darnos alivio en una época de la vida particularmente estresante. Debe ser más que un instrumento para la creatividad y para ayudar a los niños a escapar de su mundo y entrar a otro.

Tal vez Dios nos dio esta mente e imaginación como una inversión de su propia creatividad en nuestro propio potencial, y tal vez Dios quiere que nosotros usemos nuestra imaginación para ver nuestra vida y nuestro mundo de manera distinta.

La imaginación es el primer paso para la visión

Cuando comenzamos a emplear nuestra imaginación en una búsqueda de la misión de Dios, llegamos a ser visionarios. La visión comienza con la imaginación.

Muchos cristianos que he conocido emplean mucho la palabra *visión*. La usan como si todos supieran qué significa; pero no estoy seguro de que todos sepan lo que significa tener visión. Así que vamos a definirla. No estoy hablando de una visión física. No es la visión que me permite ver para teclear estas palabras o la que estos lentes de contacto corrigen en mis ojos. Estoy hablando de la visión como la característica de cierta gente que ve el mundo y su vida de una manera que es distinta de lo que en realidad es. Algunas personas a veces usan la palabra *visión* como sinónimo de *sueño*. Cuando Marin Luther King Jr. gritó desde el Lincoln Memorial: "Tengo un sueño", se refería a una visión. Simplemente no era tan poético decir: "¡Tengo una visión!"

Tener una visión es realmente más que simplemente tener un sueño, porque visión implica cierto grado de certeza, de fe. La gente con visión no solamente ve lo que podría ser, sino que también comienza a creer que algún día lo que *podría* ser, *será*. La visión es un medio de actualizar la fe. Es la capacidad, de alguna manera, de saber que tu sueño ocurrirá, quizás en tu vida, quizás en otra. Es un acto por excelencia de vivir lo que crees.

A lo largo de los siglos, la visión ha sido una parte vital de la iglesia cristiana. Es la característica que inspiró al pueblo de Dios a seguir avanzando, a pesar de gran oposición. Hizo que los líderes de Israel vieran la tierra prometida desde el desierto. Fue la visión lo que permitió que Nehemías viera un muro reconstruido alrededor de una Jerusalén conquistada y en deterioro, y fue la visión lo que instó a la iglesia primitiva a avanzar con su fe hacia Roma. Fue la visión lo que facultó a los primeros cristianos para creer que a pesar de sus celdas en la prisión, de la persecución y el martirio, el evangelio algún día cubriría la tierra. Fue una visión de reforma lo que hizo que Martín Lutero iniciara la Reforma con sus 95 tesis, lo que hizo que Martin Luther King Jr. viera un día de supresión del racismo y lo que le dio a Winston Churchill la fortaleza para creer que la justicia prevalecería sobre el odio en la Segunda Guerra Mundial.

La visión es la enemiga de la desesperación y la duda. Es la enemiga del *status quo*, del pesimismo y del estancamiento. La visión revuelve el agua estancada de la realidad establecida, hacia cosas nuevas y que una vez fueron inimaginables. La visión nos hace seguir avanzando a mejores lugares, nos prepara cuando nuestras metas imaginadas de repente parecen posibles y construye andamios alrededor de la fe debilitada durante épocas de duda, prueba y frustración.

La visión ve el mundo distinto de como está ahora.

El Rey Salomón sabía esto cuando declaró: "Donde no hay visión, el pueblo se extravía."[1] El escritor de Hebreos tuvo la visión en mente cuando

dijo: "Pero sin fe es imposible agradar a Dios."² *La visión es el primer paso para la transformación*
Los cristianos no están satisfechos con quedarse donde están. Los cristianos avanzan hacia delante, progresan, siempre están siendo transformados y siempre están trabajando para transformar el mundo. Los cristianos no ven el mundo como es. Ven el mundo como podría ser y como sería si Dios hiciera llover su gracia como respuesta a sus oraciones y su trabajo.

La visión también es la fe de ver tu propia vida en un lugar diferente al que está ahora. Es la capacidad de anticipar el día en que tu alma estará sana, tu familia será restaurada o tu vida se volverá a sentir viva, el día en que las cosas serán distintas.

Y si la imaginación es la fuente de la visión y la visión es nuestra máquina del tiempo para ver lo que será, entonces la visión es la herramienta que nos saca de las garras de la rutina y planta nuestros pies directamente en el prospecto de la esperanza, de lo que podría ser. No hay límites para nuestra imaginación, y debería haber pocos límites para la visión. Podemos ver un mundo sin guerras y sin pobreza, un mundo donde la benevolencia es más atractiva que la venganza. Podemos ver una realidad distinta para nosotros y para nuestro futuro. Podemos ver el evangelio que surge con un brillo radiante en los lugares más áridos de un mundo irreligioso. Podemos ver que nuestras iglesias muertas cobran vida y que nuestra apatía se convierte en pasión. Podemos ver nuestros divorcios en reconciliación, a nuestros hijos en sumisión a Dios y nuestros matrimonios saturados de alegría. Nuestros sueños más descabellados de repente parecen ser tangiblemente reales.

La imaginación llega a ser visión cuando nuestros sueños reflejan la voluntad de Dios para nuestra vida.

¿Qué te gustaría que fuera distinto en tu vida y en el mundo? ¿Cuál es la voluntad de Dios en esa situación? Usa tu imaginación para verla y entonces pídele a Dios la fe para creer que lo que estás imaginando ocurrirá. Pídele a Dios si él quiere que seas una de las herramientas que él puede usar para hacer tu visión de su voluntad una realidad.

Uno de mis mentores solía desafiar frecuentemente a la gente con una pregunta sencilla, pero profundamente poderosa: ¿Qué harías si *supieras* que no fracasarías?

¿Qué *harías* si supieras que no fracasarías? Tal vez ahora es el tiempo de explotar tu imaginación y de comenzar a visualizar lo que podría ser.

CÓMO SER FICHA DE DOMINÓ
UN LLAMADO A FORMAR PARTE DE LA HISTORIA

[17]

Lo sé. Al igual que yo, a veces te sientes muy insignificante. Te levantas en la mañana y pasas tu día, vuelves a casa de la escuela o del trabajo, comes algo, miras un poco de televisión o navegas por la Web y vuelves a la cama para otra noche de dormir sin soñar. O si sueñas, siempre eres la víctima y nunca el héroe. Entonces lo haces una y otra vez, día tras día, como una rata de laboratorio que duerme, come y se topa con las mismas paredes, de la misma manera, una y otra vez. La mayoría de nosotros vive vidas predecibles, como si estuviéramos en una grabación o en una repetición.

La vida a veces *puede* ser muy rutinaria y repetitiva. A veces la vida te mata del aburrimiento y a veces te aporrea. La vida puede ser como uno de esos matones sin cuello y sin cerebro que te aporrea sólo por diversión, o puede ser una rutina lenta que te desgasta cada momento, cada día. Cuando la vida es cruel, no te mata rápidamente. No, te tortura lenta y dolorosamente.Con demasiado de este tratamiento, puedes comenzar a sentirte insignificante e insatisfecho hasta con las cosas maravillosas de tu mundo. La insatisfacción es en realidad un mensaje que nos grita desde los escondrijos de nuestra alma. Nuestra alma está suplicándonos que nos alejemos de lo que pensamos que es importante y que nos enfoquemos en lo que realmente *es* importante. El remedio para nuestra insatisfacción es poner atención a nuestra alma y al deseo de Dios para nuestra vida, y vivir para la gloria de Dios y el bien del hombre.

Tristemente, la mayor parte del tiempo malinterpretamos la insatisfacción y aceptamos un remedio insuficiente. Comenzamos a aferrarnos a cualquier cosa que nos inyecte un sentido de logro o cambio en el ritmo de nuestra rutina. Haremos casi cualquier cosa para disfrazar nuestra historia aburrida. Pensamos que la insatisfacción es simplemente aburrimiento, y el remedio para el aburrimiento es el cambio. Así que nos trasladamos a otra ciudad, renunciamos a nuestro trabajo, rompemos con nuestra novia, llamamos a un viejo amigo o nos vamos a Nueva York o de mochileros a Europa. Es posible que nos deshagamos de todas nuestras posesiones materiales, que nos hagamos rizos estilo *rastafari* y nos convirtamos en nómadas. (Esto, a propósito, es el primer paso para llegar a estar loco. Finalmente, estarás sentado en el porche de tu choza en la montaña, viendo tu patio lleno de gatos y preguntándote cuándo una nave espacial vendrá para llevarte a Narnia o a conocer a Yoda.) La insatisfacción puede llevarnos a lugares extraños.

Cuando no nos gustan nuestras vidas, cuando estamos insatisfechos, pensamos que todo lo que necesitamos es un cambio, y casi cualquier cambio estará bien. Entonces cambiamos sólo por el gusto de cambiar, de alguna manera, pensando en que inyectar un poco de algo desconocido a lo rutinario hará que la vida sea gloriosa.

Eso funciona temporalmente. El cambio por el gusto de cambiar te hace sentir emocionado otra vez por lo cotidiano. El cambio puede ser como sal y pimienta a una comida insípida. El cambio por el gusto de cambiar se convierte en un antídoto temporal para una vida insatisfactoria, y temporalmente satisface.

No es que el cambio sea malo. Algo de cambio es bueno. De hecho, mucho de este libro trata de la clase adecuada de cambio. Solamente que muchos de los cambios que hacemos en nuestras vida son inadecuados. Necesitamos un cambio verdaderamente transformador. De otra manera, estamos poniendo esas curitas infantiles decoradas de caricaturas a nuestras heridas que están sangrando a borbotones. El cambio se convierte en un alivio temporal para problemas más permanentes y no tratados; problemas que batallarán por obtener nuestra atención, hasta que encuentren una resolución.

Con el tiempo, después de suficiente cambio por el gusto de cambiar, o de suficientes temporadas difíciles en la vida, comenzamos a hacernos preguntas difíciles y profundas en cuanto al significado de la vida. ¿Por qué estoy aquí? ¿Hay más en la vida que esto?

He estado allí. Me hice esas preguntas cuando mis padres se divorciaron, perdimos nuestra casa y mi papá intentó suicidarse. Cuando todo parece agrietado y demasiados problemas se amontonan en demasiado poco tiempo, probablemente también te haces esas preguntas difíciles. Pronto una crisis de fe viene tras otra crisis de fe y los valores y creencias que una vez tuviste arraigados llegan a ser negociables y cuestionables. Las pocas cosas que alguna vez fueron incuestionables en tu vida están sobre la mesa, y de repente comienzas a sentir como que el fundamento de tu vida ya no es sólido. Te sientes inseguro y desilusionado.

Por alguna razón, tendemos a responder a estas temporadas culpando a Dios en lugar de recurrir a él. La única persona que necesitamos se convierte en la única que podemos encontrar para culparla cuando tenemos demasiado orgullo como para culparnos a nosotros mismos. He estado allí también, vagando por un laberinto de confusión acerca de la vida y la fe.

Al principio, crees que estas temporadas y preguntas son peligrosas. Te hacen dudar y llegar a estar cada vez más insatisfecho con el status quo. Son enemigas de tus creencias establecidas, y te ponen inquieto y ansioso y a veces hasta enojado con la vida, con *tu* vida. Pero en realidad, estas son las preguntas que tienes que hacerte si alguna vez vas a sobresalir de lo común y vas a llegar a ser la persona que sueñas ser, la persona que Dios diseñó que fueras.

Solamente después de hacer las preguntas difíciles creerás las respuestas que descubras, y solamente después de suficiente insatisfacción con la forma en que el mundo está, la forma en que *tu* mundo está, encontrarás la motivación para trabajar para hacerlo un lugar distinto. Solamente entonces adoptarás el cambio adecuado, el que no solamente cambia tu perspectiva de la vida, sino que también te hace un agente de cambio para otros que están vagando sin propósito en su miseria de segundo orden, en su propia misión personal para descubrir por qué *están* vivos.

Ahora sé que estas temporadas de mi vida en realidad no eran crisis. Fueron los momentos en los que vi la luz de mi propia fe y comencé a ser sincero en cuanto a vivir de acuerdo a lo que decía que creía. Estaba comenzando a poseer lo que había heredado de mi cultura cristiana y de la iglesia de mis padres. Estaba llegando a ser mi propia clase de cristiano. Sin esos momentos, probablemente habría seguido viviendo del humo de la fe frágil y endeble de mi familia. Mi afinidad con el escepticismo habría sido alimentada por la hipocresía que observaba en la iglesia y en la vida de los cristianos que mejor conocía. Habría terminado desesperadamente engañado por mí mismo.

Finalmente, habría perdido mi amor por Jesús y mi compromiso con su misión. Todavía podría haber adornado orgullosamente la etiqueta de cristiano, pero habría sido algo más de mi cultura que cualquier otra cosa. No habría sido vivir honestamente. Muchos de los cristianos que conozco vivirán toda su vida de esta manera. Su compromiso con Jesús será un asunto de cultura, política o familia, pero no de honestidad, de vivir de acuerdo a su fe. Lo desaprovecharán todo.

La ansiedad de la insatisfacción y las cenizas de la fe endeble, de alguna manera, pueden llevar a la fe suprema y más comprometida. La batalla por obtener tu propia fe puede revelar el poder de tu fe. Después de unas cuantas batallas, puedes darte cuenta de que tu fe es la única cosa establecida en tu vida y que vale la pena luchar por ella. Finalmente, comienzas a vivir de acuerdo a lo que en realidad crees, y cambias tu cristianismo cultural por la clase de fe viva que sacude las montañas, separa los mares y hace que los leones se echen con los corderos.

Escribí este libro porque quería ayudarte a llegar allí. Quería ayudarte a salir gateando del fango de la cultura cristiana, a descubrir la verdadera fe y que comenzaras a ver tu mundo a través de ojos nuevos. No quiero que seas uno de esos cristianos que aparecen y desaparecen gradualmente en su escena, casi desapercibidos, y especialmente no quiero que vivas tu vida con una forma de piedad pero sin poder.[1] Quiero que tengas una fe viva, que respira, experimental.

En realidad, este no es sólo un libro. Es más una confesión personal, una súplica y una invitación. Es una confesión honesta, no de un maestro, sino de un compañero estudiante que está en un peregrinaje propio, que trata algunas de las cosas, de las que nos da miedo hablar. Es una súplica para que despiertes de una fe somnolienta hacia una visión nueva. Y es una invitación para que adoptes una nueva forma de pensar en cuanto a tu vida y tu mundo.

Todo esto ha salido de alguna parte en lo más profundo de mi corazón, donde quiero clamar a la generación de hombres y mujeres que viven hoy, para que acepten su máximo potencial para la gloria de Dios. Es una súplica para ancianos y jóvenes, para que vivan de acuerdo a lo que creen con impulsividad y sin reservas ni requisitos.

En mi imaginación, veo hombres y mujeres que llegan a ser lo que podrían llegar a ser si deciden creer y vivir. De hecho, puedo verte allí, en mi imaginación. Estás entrando a lo tuyo, y te sales del ambiente y del montón. Estás parado en tu terreno, reclamando tu espacio y dejando tu marca. Puedo verte allí. Espero que puedas verte allí.

Es una visión bella.

Es una visión de un mundo donde se conoce a Cristo por sus seguidores y no a pesar de ellos. Es un mundo donde todos los creyentes toman su fe en serio y disfrutan la oportunidad de afectar su mundo para la gloria de Dios. Es un mundo donde más de un millardo de cristianos cobran vida y deciden invertir sus recursos, su tiempo y su potencial para continuar la misión de Dios.

Es un mundo donde la compasión de Jesús hace que sus seguidores ayuden a eliminar la pobreza y la injusticia, a alcanzar a los no alcanzados y a despertar al mundo para su Redentor.

Una palabra final

Creo que como actor en la obra de la historia, eres más importante de lo que crees que eres. Tengo el presentimiento de que las mejores historias del mundo todavía no se han revelado y que tú tienes un papel importante en algunas de esas historias.

Minuto tras minuto, tu vida podría parecer desplazarse a un ritmo aletargado y que está llena de actividades insignificantes. Pero todas las partes y piezas forman actos y escenas de una historia enorme e interconectada que Dios está produciendo. Tu parte en la historia de Dios tiene el propósito de hacer de este mundo un mejor lugar, y es importante.

¿Puedo solamente pedirte esto? Por favor, haz tu papel, y hazlo con impulsividad. Cada uno de nosotros, a medida que despertamos a la fe viva, podemos hacer un poco más para hacer las cosas un poco diferentes. Por favor, no vivas como un espectador. No eres uno de los extras en el fondo de una escena emocionante que alguien más está disfrutando. Eres un actor secundario de una historia maravillosa que vale la pena contar, una historia que podría afectar el futuro de millones de millones de gente.

Cuando era niño, estaba obsesionado con los dominós. Las fichas de dominó eran piezas de un juego, pero yo nunca supe las reglas. Estaba contento con levantarlas y dejarlas caer una y otra vez. Cuidadosamente arreglaba aquellas pequeñas piezas de plástico blanco y negro en una fila larga y curva. Ubicar las fichas de dominó de la manera correcta parecía que tomaba demasiado tiempo.

Entonces, con mi dedo índice, apenas tocaba la primera ficha, sólo lo suficientemente fuerte para que se balanceara y finalmente se cayera. Entonces yo daba un paso atrás y miraba asombrado el efecto exponencial de aquella acción única. En segundos esa sola acción hacía que cada ficha sucesiva se cayera, una tras otra, hasta el final de la línea.

Me fascinaba el efecto de aquella pequeña acción. Todavía me fascina el efecto potencial de las pequeñas acciones. ¿Quién sabe a dónde llevará una conversación, qué iniciará una acción de compasión, que hará una palabra de estímulo, y qué podría lograr una persona a la que yo le presenté a Cristo?

Los "momentos dominó" ocurren a nuestro alrededor. Los momentos fueron acciones aparentemente insignificantes, conversaciones breves o encuentros casuales que activan unas cuantas cosas, que activan muchas otras cosas. Antes de que te des cuenta, algo maravilloso estará ocurriendo. Estos son momentos dominó.

Todos somos dominós en la historia de Dios. Y finalmente, podríamos vernos como protagonistas de historias insólitas que cambian el mundo como lo conocemos. ¿Qué si eres la pieza faltante de alguna historia fantástica que quiere ser narrada? Tal vez tengas que improvisar la próxima historia. Tal vez tengas que improvisar el próximo movimiento. Tal vez eres el dominó que Dios usará para hacer algo sin precedentes en toda la historia. Tal vez este libro sea un dominó. Tal vez este momento sea un momento dominó que podría cambiarlo todo.

Este libro pregunta: ¿Qué si...? ¿Qué si tuvieras la iniciativa de lanzarte al combate, para que imagines y sueñes, para que trabajes y ores, para que sirvas y vivas una vida radical, alimentada por una fe radical? Hay desafíos que hay que vencer, enfermedades qué curar, vidas qué salvar, causas que adoptar, grupos étnicos qué alcanzar y diez millones de problemas que podrían ser oportunidades para redefinir el mundo.

De vez en cuando alguien entra a las páginas de la historia, sólo con suficiente insatisfacción con el *status quo* para cambiar las cosas de verdad. ¿Qué si fueras una de esas personas? Tenemos que vivir como si lo fuéramos. De otra manera, podríamos perder nuestro momento, y el mundo podría perder nuestra contribución.

Un hombre llamado Henry Varley inspiró a D. L. Moody cuando le dijo: "El mundo todavía tiene que ver lo que Dios puede hacer con un hombre totalmente consagrado a él."

Moody respondió: "Con la ayuda de Dios, yo voy a ser ese hombre."[2] He estado escribiendo con el espíritu de esos comentarios. Cuando leí la respuesta de Moody, algo dentro de mí llamó mi atención fuertemente. Yo también quería ser ese hombre. Ya no quiero acallar esa voz en mi corazón. Quiero escucharla y quiero vivirla. ¿Te unirás a mí? ¿O vas a pasar desapercibido?

¿Qué pasaría si un millardo de cristianos cobraran vida? ¿Serás uno de ellos?

Te desafío. Te desafío a que seas más para Cristo, a que creas más profundamente, a que vivas esa fe con un compromiso más fuerte, y a que le des un golpecito a una o dos fichas de dominó, a lo mejor el mundo lo está esperando.

[EPÍLOGO]

Una vez vi una casa descuidada y sin completar en un espléndido vecindario. Todas las demás casas eran como una fortaleza. Sin duda cada una era la culminación del sueño de la vida de alguien. Todas estaban retocadas al máximo, decoradas con maderas importadas y mármol, protegidas con una reja y adornadas con por lo menos un auto de lujo de último modelo en la entrada. Los pasillos que llevaban a su elevada puerta principal estaban cubiertos de mosaicos al gusto. Una sensación de extravagancia emanaba de las casas mientras conducía por el vecindario.

Entonces, en medio del lujo, estaba esta casa curiosamente sin acabar y claramente descuidada. Era el patito feo del vecindario. Era desagradable a la vista, en medio de obras de arte arquitectónicas. Imagino que los dueños de esa casa tuvieron una buena razón para no terminarla. Deben haberse quedado sin dinero, o su matrimonio se derrumbó, o quizás simplemente perdieron la voluntad de terminar lo que habían comenzado.

Nuestras vidas espirituales pueden ser como esa casa descuidada. A veces no sabemos cómo superar nuestras luchas incompletas, y a veces simplemente perdemos el ímpetu. No vivimos de acuerdo a lo que creemos.

Espero que a través de este peregrinaje te haya dado las herramientas que necesitas para terminar lo que está incompleto. Aun más, espero que hayas encontrado la voluntad para dirigir tu atención a lo que podrías haber descuidado. Pero todo el consejo y todo el estímulo del mundo no pueden hacerte cambiar lo que necesitas cambiar. Finalmente, tienes que hacer lo que tienes que hacer. Siempre hay un paso siguiente. Tu paso siguiente probablemente encaja perfectamente dentro de una de las cinco secciones de este libro. Es posible que necesites obtener respuestas a algunas de tus preguntas, o trabajar para obtener una dieta espiritual más balanceada, o aprender a confiar en Dios aun cuando difícilmente puedes verlo, o comprometerte en la misión de Dios, o encontrar una visión mejor y más grande para tu vida. O tal vez es un poco de cada uno.

Al leer este libro, has dado otro paso en tu peregrinaje. No es la meta final. Por favor da el siguiente paso hacia vivir de acuerdo a lo que dices que crees. Si lo haces, la próxima vez que nos encontremos, ambos seremos personas distintas.

NOTAS

Capítulo 2: El orgullosamente escéptico Tomás

[1] Juan 20:25
[2] Benedict Vadakkekara, *Origin of Christianity in India* (Delhi, India: Media House Delhi, 2007), 131.

Capítulo 3: La liberación de la fe

[1] Elie Wiesel, *Belief* (New York, NY: HarperOne, 2010), 160.
[2] John E. Hare, *Oxford Studies in Theological Ethics: The Moral God, Kantian Ethics, Human Limits and God's Assistance* (Oxford: Oxford University Press, 1996), 93.

Capítulo 4: Fe entre las cenizas del genocidio

[1] Hare, *Oxford Studies in Theological Ethics*, 135.
[2] Ibid.
[3] John Rucyahana, *the Bishop of Ruanda* (Nashville, TN: Nelson 2007), xv-xvi.

Capítulo 5: Todos somos huérfanos

[1] 2 Corintios 8:9.
[2] 1 Corintios 6:20.
[3] Efesios 1:4-5.
[4] Romanos 2:4.

Capítulo 6: La necesidad de comida para el alma

[1] Doug Groothuis se ha referido a la equivocación en cuanto a que esta es una cita de Blaise Pascal. Véase la anotación de su blog en www.theconstructivecurmudgeon.blogspot.com/2006/ incorrect-pascal-quotes.html.

Capítulo 7: Cómo escuchar la voz de Dios

[1] Brad Young, *Meet the Rabbis* (Peabody, MA: Hendrickson, 2007), 155.

Capítulo 8: Cómo entregarse a la voluntad de Dios

[1] Éxodo 20:3

Capítulo 9: Somos gente que se "vuelve a levantar"

[1] Romanos 8:37.
[2] 2 Corintios 4:8-9.
[3] Hebreos 12:12-13.
[4] Salmos 91:77-11.
[5] Mateo 5:45.

Capítulo 10: Cuando tu barco se hunde

[1] Frank J. Metcalf, *American Writers and Compilers of Sacred Music* (New York, NY: Abingdon, 1925), 304.
[2] 1 Pedro 5:7.
[3] Job 42.5.
[4] Philip Yancey, *Prayer* (Grand Rapids, MI: Zondervan, 2006), 136-37.
[5] Citado en *Prayer* de Yancey, 137.
[6] William Lane Craig, *On Guard* (Colorado Springs: Cook, 2010), 158.
[7] Isaías 55:9; Romanos 8:28.
[8] 2 Pedro 1:3 NTV.
[9] 1 Corintios 15.
[10] Romanos 10:9.
[11] 2 Corintios 1:9.
[12] Para más información sobre esto, lea el Capítulo 7 del libro *Vintage Jesus* de Mark Driscoll (Wheaton, IL: Crossway, 2008) o lea cualquiera de los escritos de mi colega y amigo, Gary Habemas.
[13] 1 Corintios 15:54-55.
[14] 2 Pedro 1:3* NTV.

Capítulo 11: Hazte público

[1] Hechos 1:8.
[2] Hechos 1:10-11.
[3] Mateo 13:44-46.
[4] Erwin Lutzer, *When a Nation Forgets God* (Wheaton, IL: Moody, 2010). Citado en "Will the Church Just Sing Louder?" de James Robison, www.jamesrobison.net/?q=node/42.

Capítulo 12: Empatía por los terroristas

¹ Mark Twain, *Following the Equator* (New York, NY: Harper and Brothers, 1899), 72.

Capítulo 13: Callos santos

¹ 2 Tesalonicenses 3:10.
² 1 Timoteo 5:8.
³ Filipenses 2:12.
⁴ Colosenses 3:23.
⁵ 1 Corintios 15:9.
⁶ 1 Corintios 15:10
⁷ 1 Corintios 10:31.

Capítulo 14: En cuanto al desafío de los leones

¹ Christopher Kelly, *The Roman Empire: A Very Short Introduction* (New York, NY: Oxford University Press, 2006), 78.
² Véase Joseph Ernest Renan, "The Martyrs of Lyons," en *History of the Origins of Christianity: Book VII—Marcus Aurelius*. Disponible en línea en www.ccel.org/ccel/renan/marcus.xxii.html.
³ 1 Timoteo 6:12.
⁴ Hopegivers International, "Martyr's Oath." www.hopegivers.org/What-We-Do/Martyrs-Oath.htm.

Capítulo 15: Cómo lograr la rutina milagrosa

¹ Salmo 24:1 NTV.
² El Arzobispo Thomas falleció en India en diciembre de 2010.

Capítulo 16: Cómo rescatar la imaginación

¹ Proverbios 29:18 NVI.
² Hebreos 11:6.

Capítulo 17: Cómo convertirse en dominó

¹ 2 Timoteo 3:5.
² Henry Blackaby, *Experiencing God* (Nashville, TN: B&H, 2008), 47.

ACERCA DEL AUTOR

Johnnie Moore es un cristiano de veintitantos años que trabaja en la Universidad Liberty —la universidad cristiana más grande del mundo, y la séptima universidad más grande de los Estados Unidos— como vicepresidente, pastor del campus y profesor de religión. Es más conocido como orador popular en los servicios del campus de la universidad, que son las reuniones semanales más grandes de jóvenes cristianos en los Estados Unidos. Ha viajado a más de 20 países en excursiones misioneras y humanitarias con estudiantes de la Universidad Liberty, es miembro de la junta de administradores de World Help, y trabaja como asesor de comunicaciones para educadores, predicadores y políticos. Él y su esposa Andrea viven en Lynchburg, Virginia.

www.johnniemoore.org
www.liberty.edu
www.worldhelp.net